JN336309

御言葉に親しむ

日毎の聖想124

山下萬里

YOBEL,Inc.

装丁：堅田和子

まえがき

二〇〇四年一月一八日（日）午前一〇時五四分、ちょうど説教者が説教壇に向かう時間に、牧会者山下萬里は入院先のH病院にて七九歳の歩みを終えた。

前年の二月頃、「一日一章のような黙想集を書き下ろしでまとめられないでしょうか」と語ったところ、「やれるかどうかわかりませんが、ちょっと冒険してみましょう」と。一週間ほど経ってから「こんなふうな内容で、どうか」と。

実はこれ以前に今まで教会員に向けて発行してきた説教プリントの中から抜粋のような形で「一日一章」としてまとめてみようと提案し、それを受けて抜粋作業をされた時期がありました。しかし、「帯に短し、襷に流し」のようになってしまって、「うまくまとめられない」ということがありました。この間停滞していましたが、時期を見て再度お願いし、でき上がったものが先の依頼で、本書の前半部（1から60まで）を占めているもので、一月、二月分として書き下ろされました。事実上の遺稿原稿になりました。しかし一冊の本として出版するには分量が少ないので、『信徒の友』「日毎の糧」に執筆していたことに思い当たり、出版社に問い合わせたところ九〇年代に二回ほど執筆していたことが分かり、許諾を得て掲載させていただきました。（61から120まで）121以降の4編は東所沢教会月報

まえがき

『しののめ』に連載された「14年を振り返って」の中から掲載したものです。
主の御言葉に聞くことの飢饉《ききん》（アモス書8・11）が叫ばれている今日、日常生活の具体的な場面や実際の出来事の前に自らの考えのみでは途方にくれてしまうような状態から引き揚げていただくことの唯一の道は、「御言葉に聴き、それによって生かされる」ことに他なりません。何回挫折しても、何度トライしてもできなかった「日々御言葉から聴くこと、親しむこと」を自分の中に定着させることが大切です。山下萬里牧師は言われました、「三日坊主でもいいのです。その翌日からまた始めたらいいのです、まず聴くことです」と。「御言葉の底力」に出会いながら、「御言葉に養われる」ことを本書によって導かれていただければ幸いです。

感謝なことに、ウェスレアン・ホーリネス教団浅草橋教会の黒木安信牧師に出版前に全体にわたって見ていただくことができました。丁寧に読んでいただきましたので、意味の通じ難い箇所なども訂正することができました。黒木安信牧師からは「御言葉に徹していかれた山下萬里先生の信仰の姿勢が随所に出ているし、語りかけも〝御言葉に聴くよう〟にということに一貫しています」との言葉をいただきました。

２００7年2月21日（レント）　　編集子

編注：各本文の表題は最初からあったものではなく、編集部にて便宜的に付けさせていただいたものです。著者の意図を損なわないように心掛けたつもりです。ご理解いただければ幸いです。

御言葉に親しむ　日毎の聖想124

目次

日毎の聖想（上の数字は通し番号です）

［聖想　1］　命名　（ルカ2・15～21）

八日たって割礼の日を迎えたとき、幼子はイエスと名付けられた。
これは、胎内に宿る前に天使から示された名である。（21）

12月25日がクリスマスと定められたおかげで、1月1日は毎年主イエスの命名日となりました。そして1月6日は顕現祭です。今日の聖句、ルカによる福音書2章21～24節は命名祭に読まれるべきところです。しかし、今日のプロテスタント教会では、顕現祭にも、命名祭にも、特別の集会が行われることはなくなりました。ユダヤでは男の子は、生後8日目に割礼を受けることになっていました。割礼は創世記17章14節によれば、アブラハムから始まったことなので、アブラハムに与えられた契約の民の一員になることを意味しました。このことは主の完全な人間性を表すものです。しかしここでは、命名のほうに重点が置かれています。生後6日目に命名することは、旧約聖書には出ていませんが、当時は習慣化されていました。そして幼な子は、天使の言葉通りイエスと名付けられました。

イエスという名は、ヘブライ語ではヨシュア、アラム語ではエシュア、それをギリシャ語化したのがイエスです。正しくはエシュであったかもしれません。名前の意味は「神は救い」です。この名前は新約聖書の時代には、よく用いられた名前で、新約聖書の中にも登場します。しかし今は用いられません。ユダヤ人はキリスト教への反感から、キリスト者は主イエスへの崇敬から。それでイエスという名前は、この方だけの独占的なものとなりました。そしてこの方こそ、「神は救い」という名前にふさわしい方でした。

〔聖想　2〕　神の救いの歴史　（創世記1・1～5）

初めに、神は天地を創造された。
地は混沌であって、闇が深淵の面《おもて》にあり、神の霊が水の面を動いていた。
神は言われた。
「光あれ。」
こうして、光があった。神は光を見て、良しとされた。
神は光と闇を分け、光を昼と呼び、闇を夜と呼ばれた。
夕べがあり、朝があった。第一の日である。（1～5）

私には、どうしても年頭に読みたい聖書の箇所があります。それが創世記1章1～5節です。ところで聖書は、旧約聖書、新約聖書を通じて、神の救いの歴史です。そういう意味で、聖書は66の文書から成り立っていても、一書です。The Bibleです。そしてBibleとはbookです。

創世記1章が、「初めに、神は天地を創造された」と書き始めた時、神の救いの歴史は、出エジプトから始まったのでも、第2の出エジプトであるバビロンからの帰国から始まったのでもなく、天地創造から始まったことを告白しているのです。

しかし、創世記1章は、バビロン捕囚の苦悩を経て帰国した人々によって、深い反省を込めて、もう一度イスラエルの歴史が振り返られ纏《まと》められた資料に属しています。それでありながら、こんなに積極的肯定的な歴史観を生み出した信仰を、私はすばらしいと思うのです。そして、イスラエル民族が唯一神信仰を確立したのも、この時期なのです。

神が救いの歴史を始めておられる。そう信じる時、私たちは慰めと平安を与えられると共に、勇気と励ましを受けます。こうして私たちはこの年を、希望を抱いて、御言葉に聴いて歩むことを可能とされるのです。

［聖想　3］

信仰とは　（ペトロ一5・6～7）

思い煩いは、何もかも神にお任せしなさい。

神が、あなたがたのことを心にかけていてくださるからです。（7）

私は、信仰とは、神への信頼であると信じています。神は唯一の、すべてのものの造り主です。私たちの命と存在の根拠です。神は私たちの父です。救い主イエス・キリストにおいて、私たちへの愛を現わしてくださった方です。神は歴史を支配し、それを救いの方向へ押し進められます。私たちがこの神を信じるという時、この神に信頼します。その言葉に信頼し、約束に信頼し、愛に信頼し、目的実現の働きに信頼するのです。私たちの自由も平安もそこにあります。私たちの行動の力も的確さも、そこから来るのです。パウロもこう言いました。「神を愛する者たち、つまり、御計画に従って召された者たちには、万事が益となるように共に働くということを、わたしたちは知っています。」（ローマ８・28）

しかし、私たちはそのことに失敗します。ペトロの手紙一５章７節はこう言います。「思い煩いは、何もかも神にお任せしなさい。神が、あなたがたのことを心にかけていてくださるからです」。しかし、私たちは言います。「おゆだねしますから、思い煩わなくともよいという保証をください」と。これは信頼したことでも、ゆだねたことでもありません。

信頼するなら、ハイデルベルク信仰問答が言うように、

「逆境にあっては忍耐し、
順境の時には謙虚に感謝し、
未来については神の約束に希望を置き、
思い煩うことなく、祝福を信じて働き、

愛の業に生きれば良いのです」。

私たちは祈ろうではありませんか。「私はこの一年をあなたにゆだねます。私がなすべきことを示してください。御心に従って、分に応じて、なさせてください。それがあなたの、キリストの御業の中に置かれますように」と。

［聖想　4］　**預言の成就**　（ルカ2・25～35）

主よ、今こそあなたは、お言葉どおり
この僕《しもべ》を安らかに去らせてくださいます。
わたしはこの目であなたの救いを見たからです。（29～30）

シメオンは「メシアに会うまでは決して死なない」とのお告げを聖霊から受けていたのですが、その聖霊に駆り立てられて、神殿の境内にやって来ました。そこで、律法に命じられていることを行うために、幼な子を連れてきたヨセフとマリアにバッタリと出会いました。それは劇的な出会いでした。老シメオンは幼な子を腕に抱きとって、神を賛美します。

主よ、あなたはこの僕を、今こそ去らせてくださいます。
お言葉どおり、平安のうちに。

わたしはこの目であなたの救いを見たからです。

シメオンの言葉は、待望の時は終わり、成就の時が始まったという喜ばしい確信に満ちています。ある聖書では、「お言葉どおり」を、「あなたは約束を守ってくださった」と訳していました。

今始まる救いは、あらゆる点で古い預言の成就でした。31節の「これは万民のために整えてくださった救い」という言葉は、イザヤ書52章10節から来ています。32節の「異邦人を照らす啓示の光、あなたの民イスラエルの誉れです」という言葉は、イザヤ書42章6節や49章6節から来ています。シメオンは幼な子は見たのですが、救いの御業はまだでした。にもかかわらず、彼は「わたしはこの目であなたの救いを見た」と言うのです。

イザヤ書49章8節はこう預言します。

わたしは恵みの時にあなたに答え
救いの日にあなたを助けた。

イザヤは苦役の時は過ぎ去り、救いの時は始まっていると言うのです。パウロはコリントの信徒への手紙二6章2節にこれを引用し、続けて言います、「今や、恵みの時、今こそ、救いの日。」彼もまた、待望の時は過ぎ、成就の時は始まったことを見ているのです。

［聖想　5］　分離　（ルカ2・25〜35）

シメオンは彼らを祝福し、母親のマリアに言った。
「御覧なさい。
この子は、イスラエルの多くの人を倒したり
　立ち上がらせたりするためにと定められ、
　また、反対を受けるしるしとして定められています。
——あなた自身も剣で心を刺し貫かれます——
　多くの人の心にある思いがあらわにされるためです。（34〜35）

シメオンの言葉は、ヨセフとマリアを驚かせました。ある人は、「両親はシメオンの言葉で、初めて自分の子が主であることを知ったのだ」としていますが、そうではないでしょう。今まで幼な子について言われた以上のこと、つまりイスラエルの救いに止まらず、異邦人も、そして世界のすべての民にまで救いが及ぶことへの驚きです。

シメオンは彼らを祝福した後、マリアに言います、
「御覧なさい。
この子は、イスラエルの多くの人々を倒したり、

立ち上がらせたりするためにと定められています」と。

なぜマリアにだけ言ったのでしょうか。彼女だけが息子の最後までついて行くことになり、父親は一緒ではないという予感を持っていたのでしょうか。剣で心を刺し貫かれるのは、彼女だけだと知っていたのでしょうか。

私たちはシメオンの言葉が、この後どんな形で実現したかということを、聖書を通して知っています。分離は理論上の争いで起こるのではありません。やり方の相違で起こるのでもありません。分離は主イエスをどう見るか、主イエスにどう関わるかによって、その人の心の思いが明らかになるからです。

こうした分離は今日も起こります。私たちはこれを避けることはできません。また、自分で分離することも許されていません。それは主イエスのなさることです。彼には、信仰と賛美が向けられるだけでなく、反抗も向けられます。しかし、主イエスは同時に、立つ者にとっても、倒れる者にとっても救い主であられます。

［聖想　6］　始まりの時に立つ　（マタイ1・1〜16）

アブラハムの子ダビデの子、イエス・キリストの系図。（1）
ヤコブはマリアの夫ヨセフをもうけた。
このマリアからメシアと呼ばれるイエスがお生まれになった。（16）

「今年は聖書通読を始めるぞ」と意気込んで決心した人が、最初に読んで挫折するのがここです。何とも味気ない名前の羅列ですから。しかしこの系図は特色あるものです。アブラハムからセラまでは創世記、ペレッからエッサイまではヨシュア記とルツ記、エッサイからダビデまではサムエル記上下、ソロモンからエコンヤまでは列王記上下、シャルティエルからゼルバベルまでは歴代誌上下、およびハガイ書、ゼカリヤ書によっています。しかし、13節アビウドから15節ヤコブまではもう確かめることはできません。そしてヨセフに至ります。

とくに、ダビデ、ソロモンは統一王国ですが、レハブアムからエコンヤまでは、南ユダ王国の王の名前です。つまり、マタイによる福音書はこの系図で、アブラハムに始まる旧約聖書の神の救いの歴史を纏《まと》めたのです。ですからここに登場する名前がどんな人物か分かっている人には、旧約聖書全体が生き生きと浮かび上がってくることになります。しかし16節は、シオンから始まる主イエスによる救いの歴史は、今までの歴史の延長線上にはないことを示しています。なぜなら、これはヨセフの系図であって、マリアの系図ではないからです。それは新しい始まりです。同時に、旧約聖書は新約聖書につながっていることを表してもいます。

神の救いの歴史は、好調の時だけでなく、不調の時にも進められており、私たちはその中に置かれています。それを信じる時、私たちは希望を持ち、成すことに方向を与えられ、していることに意味を見い出します。私たちは今、救いの歴史のこの年における新しい始まりの時に立っているのです。

[聖想　7]

心に留める（ルカ2・19、51b）

しかし、マリアはこれらの出来事をすべて心に納めて、
思い巡らしていた。(19)
母はこれらのことをすべて心に納めていた。(51b)

マリアは心に納める人でした。天使のお告げを聞いた羊飼いたちがベツレヘムに来て、マリアとヨセフ、そして幼な子を探し当て、人々に天使が話してくれたことを知らせました。人々はこの話を不思議に思うだけでしたが、マリアはこれらの出来事をすべて心に納めたのです。それが19節です。51節bの言葉は、19節の言葉とは違いますが、意味はほとんど同じです。ただ、心の中に仕舞っておくということだけでなく、注意深く保つ、しっかり持っておく、というところから、熟考することをも意味します。

しかし私には、この言葉は、旧約聖書的な伝統から来ているように思われます。そこではしばしば、「あなたの掟《おきて》を心に留める」とか、「わたしの言葉を心に止める」とか言われています。これは、自分に向かって、繰り返し、繰り返し読み聞かせることを意味します。おそらく、マリアは主イエスの出来事を、主イエスの言葉を、自分に向かって繰り返し読み聞かせたことでしょう。それがやがて彼女

の中に、本当の理解を生み出していったのです。
わたしは、このマリアに倣《なら》い、御言葉を心に納めること、心に留めることをお勧めしたいのです。聖書を読むことは、量ではなく、感動することでもありません。心に留めることです。ただし、私たちはマリアとは違います。マリアの場合、出来事も言葉も、現実に接したものでしたが、私たちにとっては、御言葉は読むだけで、実際に接することはできません。そこで黙想が必要となります。黙想は黙って考えることではなく、出来事を実際に思い描き、御言葉を自分に語られたように聴くことです。私はこの新しい一年を、あらためて御言葉を心に留めることから始めたいと思います。心に留めるなら、必ず実を結ぶと信じています。

［聖想　8］　12歳の少年イエス　（ルカ2・42〜52）

するとイエスは言われた。「どうしてわたしを捜したのですか。わたしが自分の父の家にいるのは当たり前だということを、知らなかったのですか。」（49）

主イエスの両親が、過越祭には毎年エルサレムへ旅をしたということは、彼らが敬虔なユダヤ人であったことを示しています。しかし、12歳ということには特別の意味がありました。ユダヤでは、男子が12歳になると「律法の子」と呼ばれ、その人自身が律法を守ることに責任を持つことになります。

今もそうしているかどうか、確かめられませんでしたが、12歳になった男子は、革の小箱の中に、申命記6章4～9節と11章13～21節を書いた羊皮紙の小片を入れたものを、左の上膊に結びつけます。彼はそれを暗誦すると共に、今まで毎朝父親に祈ってもらっていた「十八の祈り　シェモーネ・エスレ」という長い祈りを、自分で祈らねばなりません。会堂の中でも、今までは母親と共にギャラリーから礼拝を見守っているだけでしたが、この時から一階の席で成年男子として礼拝に参加し、規定に従って聖書を朗読する任務が割り当てられました。

12歳の少年イエスは、律法の子として、一人前の男子として、両親の保護と権威から脱して、天の父なる神の保護と権威のもとへ入ったことを自覚されたのです。従って今回のエルサレム上りは、両親とは別のグループでした。「道連れの中にいるものと思い」という言葉がそれを示しています。

少年イエスの言葉に注目します。

「どうしてわたしを捜したのですか。わたしが自分の父の家にいるのは当たり前だということを、知らなかったのですか」。

「わたしの父の家に」とある言葉は、正確には「わたしの父のものの中に」とでも訳されるべき言葉なので、「わたしの父の仕事の中に」とも訳されます。ある人は両方を組み合わせて、「わたしがわたしの父の家で、父の仕事をしているはずだということを知らなかったのですか」と訳しました。

［聖想　9］

神の言葉を聴く沈黙

（サムエル記上3・1〜10）

そのころ、主の言葉が臨むことは少なく、
幻が示されることもまれであった。（1）
サムエルは答えた。「どうぞお話ください。僕は聞いております。」（10）

「その頃、主の言葉はまれで、黙示も常ではなかった」（口語訳）。サムエル記上3章冒頭の言葉は、私たちに強いインパクトを与えます。黙示は新共同訳では幻となっています。これは預言者が神の言葉を受け取る形として用いられ、ほぼ啓示と同じ意味です。覆いを取るという言葉から来ましたが、神がその隠された意志を示されることを表しています。

サムエルの当時、主の言葉はまれで、黙示も常でなかったのは、2章が示しているように、聖所における祭司たちの堕落のせいかもしれません。そこでは主の言葉を聴き、黙示を受ける姿勢がなかったのです。そこでは人々は自分の欲するままに生活するようになります。

今も同じです。音声が多過ぎるのです。一五〇〇年前の人、ゼェーレン・ケェルケゴールは既にこう言っています。

「現代世界の状態、いや、生活全体が病んでいるのだ。もし私が医者であって、どうしたらいいかと相談を受けるなら、私はこう答えるだろう。『沈黙を作れ！』。実際、人間たちを沈黙へ連れて行け。神の言葉は、このようなありさまでは聞き取れるものではない。そしてもし喧騒の中でも聞こえるようにと、喧騒な手段を用いて騒々しく叫ばれたりするなら、それはもはや神の言葉ではないのだ。だから『沈黙を作れ！』」。

私は今日、沈黙について、神の言葉を聴く沈黙について、共に考えたいと思います。現代人はほとんど沈黙の時を知りません。今は饒舌の時です。私たちの生活には、四六時中音が溢れています。数分の沈黙にも、人は耐えられないのではないでしょうか。沈黙の饒舌ということさえあります。神の言葉を聴く沈黙を、私たちは必要としています。

［聖想　10］　キリストとしての出発　（ルカ3・15～22）

民衆が皆洗礼を受け、イエスも洗礼を受けて祈っておられると、天が開け、聖霊が鳩のように目に見える姿でイエスの上に降《くだ》って来た。すると、「あなたはわたしの愛する子、わたしの心に適う者」という声が、天から聞こえた。（21～22）

主イエスは、バプテスマのヨハネのところへ来て洗礼を受けられました。教会暦では、1月6日が公現日（顕現祭＝エピファニー）なのですが、その次の主日が主イエスの洗礼日として覚えられています。私たちの教会暦では降誕節第3主日となり、いずれにしても1月10日前後のことです。バプテスマのヨハネの洗礼は、罪の赦しを得させる悔い改めの洗礼でしたから、古くから教会の中に、「なぜ主イエスが」という疑問がありました。マタイ福音書は、ヨハネが主イエスの洗礼を止めようとし、主は「今は、止めないでほしい。正しいことをすべて行うのは、我々にとってふさわしいことです」（3・15）と言われたことを記しています。

ルカはそういうことをすべて省きました。ルカでは、ヨハネは洗礼を受けに来た主イエスを認識していません。民衆に混じって主イエスも洗礼を受けられました。そして祈っておられる時、御自分に降って来る聖霊を御覧になり、天からの声を聞かれたのです。「あなたはわたしの愛する子、わたしの心に適う者」。ルカは、主イエスが御自分を洗礼を受けに来た人々と全く同一化されたことを示すと共に、この時の聖霊降臨と天からの声を、主イエス御自身の内的経験としています。ある人は、主イエスはこの時に聖霊によって神の子とされたと主張しますが、それはルカの意図ではないでしょう。これは確認であり、キリストとしての出発です。そしてこの時、教会における主イエスの名による洗礼は、新しい意味を獲得することとなりました。私たちも主イエスの御名によって洗礼を受ける時、主イエスが受けられた聖霊を受け、主イエスが聞かれた声を聞くのです。「これはわたしの愛する子、わたしの心に適う者」と。

［聖想 11］ **洗礼** （ローマ6・3〜4）

それともあなたがたは知らないのですか。
キリスト・イエスに結ばれるために洗礼《バプテスマ》を受けたわたしたちが皆、
またその死にあずかるために洗礼を受けたことを。
わたしたちは洗礼によってキリストと共に葬られ、
その死にあずかるものとなりました。それは、
キリストが御父の栄光によって死者の中から復活させられたように、
わたしたちも新しい命に生きるためなのです。（3〜4）

私は洗礼をこう理解しています。

第1に洗礼は私の信仰を公に言い表す時です。信仰をひそやかな心の問題として閉じ込めているかぎり、本当の信仰になることはありません。

第2に、信仰は主イエスが私たちと一つになられたように、私たちが主イエスと一つにならせていただくことです。

第3に、このことは、私たちがキリストと共に死に、キリストと共に新しい自分として生き始めることを意味します（3〜4）。

第4に、従って洗礼は、私たちをキリストの体の一部とします。こうして私たちはキリストの共同体として建て上げられて行くのです。

第5に、イエス・キリストによる洗礼によって、私たちは主イエス同様、「あなたはわたしの愛する子」という声を聞きます。

第6に、イエス・キリストの名による洗礼において、私たちは聖霊を受けます。聖霊は私たちを造り変え、実を結ばせます。洗礼は新しく造り変えられることの始まりです。実を結ぶには時間がかかります。しかし、神は主イエスによって、私たちの中に始められた業を、必ず成し遂げられます。

第7に、洗礼は神が主イエスにおいて、私たちを神のものとして印《しるし》を付けられることです。これは変更されることも、取り消されることもありません。従って私たちは「洗礼を受けている」という事実により頼むことができます。そして私たちが、主イエスを信じて、その御名による洗礼を受ける時、救いが臨んでいることを確信することができます。

［聖想　12］　**わたしの愛する子**　（マタイ3・13〜17）

そのとき、天がイエスに向かって開いた。
イエスは、神の霊が御自分の上に降って来るのを御覧になった。
そのとき、「これはわたしの愛する子、私の心に適う者」という声が、

天から聞こえた。（16ｂ～17）

初代の教会には、主イエスの受洗について、なぜという疑問があったのかもしれません。バプテスマのヨハネは、それを思い止まらせようとした、と記されています。ヨハネと主イエスとの問答は、二人の間だけでなされたので、その場にいた人々には、主イエスは自分たち同様の人間と見えたでしょう。私たちはそこに、「罪人の一人に数えられた」というイザヤ書53章12節の言葉通りに振舞われた主イエスを見ます。そしてそれが15節の、「正しいことをすべて行うのは、我々にふさわしいことです」と言われたことの意味ではないでしょうか。

しかし、ここにあるのはそれ以上のことです。主が洗礼を受けて水から上がられると、天が主イエスに向かって開き、神の霊が鳩のように御自分の上に降って来るのを御覧になり、「これはわたしの愛する子、わたしの心に適う者」という声が聞こえました。これはあくまでも主イエス御自身の経験です。それが意味するところは、主イエスにとって洗礼は、神によるキリストとしての油注ぎだったということです。神の霊が降ったということはそのことを示しています。

「これはわたしの愛する子」は、詩編2編7節「お前はわたしの子、今日、わたしはお前を生んだ」から来ています。そして詩編2編はメシア詩編であると共に、王の即位の詩編でもあります。「わたしの心に適う者」という言葉は、イザヤ書42章1節「わたしの支持するわが僕、わたしの喜ぶわが選び人を見よ。わたしはわが霊を彼に与えた」（口語訳）に由来しています。これは神の僕《しもべ》の任命の言葉です。そしてこの神の僕は、やがて52章13節〜53章12節の「苦難の僕」へと発展して行くのです。

［聖想　13］　神の小羊　（ヨハネ1・29〜34）

その翌日、ヨハネは、自分の方へイエスが来られるのを見て言った。
「見よ、世の罪を取り除かれる神の小羊だ。」（29）

ヨハネによる福音書では、ヨハネは主イエスの上に聖霊が降るのを見て、主イエスが神の子であることを認識したとなっています。その翌日、ヨハネは主イエスが自分の方へ来られるのを見て、「見よ、世の罪を取り除く神の小羊」と言います。主に対するこの呼び方は、36節にもう一度現れるだけで、新約聖書の中には、これ以外にはもう現れません。この言葉の背後にはイザヤ書53章6〜7節があります。「苦難の僕《しもべ》の歌」の一部です。

屠り場に引かれる小羊のように
毛を切る者の前にものを言わない羊のように
彼は口を開かなかった。

しかし、小羊にはもっと深い意味があります。ユダヤ人にとって、小羊が含まれない犠牲はほとんどありません。神殿において日毎朝と夕とに献げられるのは、傷のない一頭の羊でした。産婦が出産の後、汚れの期間が過ぎると、清めのために献げるのは、小羊一頭と、家鳩または山鳩一羽です。しかし貧しくて小羊に手が届かない時は、家鳩か山鳩二羽でした。ルカによる福音書2章24節に「山鳩一つがいか、家鳩の雛二羽」とあるのは、主イエスの両親、ヨセフとマリアは貧しかったので、小羊を献げることができなかったことを示しています。しかしマリアはやがて、最愛の子を神の小羊として献げることとなったのです。

ヨハネによる福音書は、後に主イエスの死を過越の小羊になぞらえます。主の十字架は過越の小羊が屠られるべき時に当てられています。そしてパウロもコリントの信徒への手紙一に、「キリストが、わたしたちの過越の小羊として屠られたからです」（5・7）と記します。

［聖想　14］　**証人**　（ヨハネ3・22〜30）

「あの方は栄え、わたしは衰えねばならない。」（30）

ヨハネによる福音書のバプテスマのヨハネは、主イエスを指し示すことに徹します。私は、アルザスのイーゼンハイムにあるグリューネヴァルトの祭壇画（現在はコルマール・ウンターリンデン美術館蔵）、最も悲惨な十字架像と言われている絵を思い出すのです。ある人は「正視するに耐えない」と言います。グリューネヴァルトは宗教改革期の画家です。

中央に、見るも無残な十字架の主、顔は激痛にゆがみ、横木の上に打ちつけられた両手は虚空にこわばり、全身からは死臭さえ漂って来そう。左側には倒れそうな母マリア、それを抱きとめる使徒ヨハネ、そしてマグダラのマリアの三人。右側には、いる筈のないバプテスマのヨハネ。大き過ぎる彼の右手は、「見よ、神の小羊」と主イエスを指さしています。彼の指のそばにはラテン語で、「彼は栄え、わたしは衰える」と書き込まれています。

彼は証人に徹します。しかも自分の証言によって弟子たちが、主イエスの弟子になってしまうことさえ意に介しません。3章22節以下では、弟子たちの「みんながあの人のほうへ行っています」との泣き言にも、「それでいいのだ」と言い、「あの方は栄え、わたしは衰えねばならない」と言うのです。こうしてヨハネは福音書の中から消えて行きます。

証人は、自分が崇められたり、注目されたりすべきではありません。証人は、あの方が注目され、崇められてほしいのです。「見よ、神の小羊」。あの方、私たちに罪からの解放と救いへの出発をもたらす方、あなたに新しい命を与える方、その方に目を注いでほしいのです。私たちもまた、証人でありたいと願います。同時に、こうした証人が指し示す方、その方にだけ目を注ぐように導かれたいと願います。

［聖想　15］　わたしについて来なさい　（マタイ4・18〜22）

イエスは、ガリラヤ湖のほとりを歩いておられたとき、二人の兄弟、ペトロと呼ばれるシモンとその兄弟アンデレが、湖で網を打っているのを御覧になった。彼らは漁師だった。イエスは「わたしについて来なさい。人間をとる漁師にしよう」と言われた。二人はすぐに網を捨てて従った。（18〜20）

マタイとマルコは主の宣教の最初の業として、弟子たちの召命の記事を記すこととなります。主はガリラヤ湖畔を歩いておられる時、シモンとアンデレの兄弟が網を打っているのを御覧になりました。ここで用いられているのは投げ網のことで、日本の投網と変りありません。彼らは舟を持っていなかったようで、つまり貧しい漁師だったということです。ヤコブとヨハネは父ヤコブと共に、舟の中で網を繕っていました。彼らが舟を持っていたことからすると、これは地引き網と思われます。彼らはシモンやアンデレよりも裕福だったのでしょうか。彼らに対して主イエスは、「わたしについて来なさい。人間をとる漁師にしよう」と言われます。魚を捕る漁師であった彼らは、人間をとる漁師という言葉に、衝撃的に感応し、即座に従ったのです。

それよりも私は、「わたしについて来なさい」という言葉に深い感銘を受けます。原文は僅か3語です。「来い、後ろに、わたしの」です。そこには有無を言わせぬ響きがあります。これが主との出会いであり、主の呼びかけだと思います。主との出会いは私たちの日常生活の中で起こり、出会いは呼びかけであり、呼びかけは応答を求めます。主は、話しかけ、相談し、都合を聞き、説得し、同意を求めるようなやり方をなさいません。私たちがそういうやり方を求めるなら、結局主の呼びかけを拒む結果となります。

イエスは、「わたしについて来なさい。……」と言われた。二人はすぐに網を捨てて従った。（19～20）

……彼らをお呼びになった。この二人もすぐに、舟と父親とを残してイエスに従った。（21b～22）

［聖想　16］　呼び寄せられる主　（マタイ28・16～20）

あなたがたは行って、すべての民をわたしの弟子にしなさい。彼らに父と子と聖霊の名によって洗礼を授け、あなたがたに命じておいたことをすべて守るように教えなさい。わたしは世の終わりまで、いつもあなたがたと共にいる。（19～20）

私たちは主イエスに従う人々を弟子と呼びます。当時のラビたちも弟子を持っていました。なぜならラビの弟子にならなければ、何の資格も与えられず、ラビになることはできなかったからです。弟子は師に対して、奴隷のように仕え、生活を共にし、師の足下に座して講義を聞き、師の振舞いに接し、口伝律法を学びました。従って弟子が入門を申し出、ラビが許可することはあっても、ラビが弟子を招くことはありませんでした。

しかし、主イエスは弟子を呼び寄せられます。「わたしについて来なさい」、「わたしに従いなさい」と言われます。主は、自分の話を聞いてくれる人を求められません。ただ「信じます」と言う人を求められません。主は弟子を求められます。

私たちはしばしば弟子を、使徒という特別な役割にある人に限定しようとします。そこで、弟子と、弟子ではないが信じる人々とを分離しようとします。丁度仏教における出家と在家のように。しかし、主イエスはそうなさいません。確かに使徒や教師という役割はありました。それらを含めて、主イエスによって呼び集められたすべての人々が弟子なのです。主御自身の宣教活動を、人々を弟子とすることで始めたマタイは、その福音書をこう結ぶのです。「だから、あなたがたは行って、すべての民をわたしの弟子にしなさい。彼らに父と子と聖霊の名によって洗礼を授け、あなたがたに命じておいたことをすべて守るように教えなさい。わたしは世の終わりまで、いつもあなたがたと共にいる。」（19～20）

［聖想　17］　**呼び集められた群れ**　（マルコ3・13～19）

イエスが山に登って、これと思う人々を呼び寄せられると、彼らはそばに集まって来た。

そこで、十二人を任命し、使徒と名付けられた。（13～14）

原文には、「使徒」とか、「任命」とかいう言葉はありません。ここは口語訳のように、「さてイエスは山に登り、みこころにかなった者たちを呼び寄せられたので、彼らはみもとにきた。そこで十二人をお立てになった」としたほうがよいでしょう。こう聞くと、すばらしい人々が厳選されたように思うのですが、そうではありませんでした。はっきりガリラヤ人と断定できる6人のうち5人は漁師でした。彼らは後に「無学な普通の人」と軽蔑的に呼ばれています（使徒言行録4・13）。残る一人は罪人の筆頭に上げられる徴税人でした。後の6人のうちの一人は、徴税人の敵とも言うべきゼーロタイ、熱心党員であり、他の一人はイスカリオテのユダでした。それればかりか、ペトロは「サタン」と叱られ、トマスは疑い、ユダは裏切るのです。私たちは「これはと思う人々」を、私たちの尺度で考えるべきではありません。主の思いは私たちの思いとは異なるのです。

もうひとつ、「呼び寄せられた」という言葉には、強い響きがあります。主が呼び集められなければ、彼らは集まることはありませんでした。私はこれが教会、エクレシア、呼び集められた群れの最初の姿だと思っています。

今日の教会は、呼び集められた群れという根本的な意識が薄れ、変質して来たように思われます。そこで、私がこの教会に来てやったのだ、この教会のためにこのことをしてあげたのだ、あの人が教会に来るようになったのは私のお陰だ、あれが気にいらん、これはダメだ、などと言い出すのです。

しかし、エクレシアは主が呼び集められることによってのみ成り立ちます。パウロが言うように、「無に等しい者」（コリント一 1・26～29）であっても、呼び集められた群れであることは確かです。私たちが主に従っているのであれば、弟子だからです。

［聖想　18］　**三つの目的**　（マルコ 3・14～15）

そこで、十二人を任命し、使徒と名付けられた。
彼らを自分のそばに置くため、また、派遣して宣教させ、
悪霊を追い出す権能を持たせるためであった。（14～15）

主イエスが弟子たちを呼び集められたのには、三つの目的がありました。

第1は、彼らを自分のそばに置くため、つまり主イエスを頭とする共同体を建てるためでした。人が多くなったから組織を作って、ということではありません。なぜなら人の集まりは共同体であり、世界も共同体なのです。今は破れていますが、それを建て直すのは共同体でなければならないのです。私たちはそれを「交わり・コイノニア」と言ってもよいでしょう。

第2は、派遣して宣教させるためです。呼び集められた群れは、感謝して喜んでいればよいのではありません。目的、使命があります。それを果たすことによってのみ、共同体は存在の意味と生命を持ちます。何を宣教するのか。「イエス・キリストを」と言いたいのですが、敢えて「神の愛と招き」と言いましょう。「神は主イエスにおいてあなたを愛しておられる」と言うこと、「神は主イエスにおいてあなたを招いておられる」と言うこと、これが「宣教・ケリュグマ」です。

第3は、悪霊を追い出す権能を持たせるためです。今、悪霊という言葉はほとんど意味を失ったようでありながら、現代人は迷信的運命的になっているようです。さまざまな力によって捕らえられています。私は悪霊とは、人に働きかけるあらゆる破壊的否定的な、マイナスの力と考えています。従って、それを追い出す権能とは、建設的肯定的な、プラスの力です。それを働かせること、私はそれを「奉仕・ディアコニア」と呼びたいのです。

「交わり・コイノニア」、「宣教・ケリュグマ」、「奉仕・ディアコニア」、この三つは切り離すことができません。宣教と奉仕を伴わない交わりはありませんし、交わりと奉仕でない宣教もありません。このような存在にふさわしい存在の様式とは、主イエスに従う以外にありません。

[聖想 19] 信仰生活の原点 (ヨハネ21・15～19)

ペトロがどのような死に方で、神の栄光を現すようになるかを示そうとして、イエスはこう言われたのである。このように話してから、ペトロに、「わたしに従いなさい」と言われた。(19)

1・共同体を建てること、2・宣教すること、3・悪霊を追い出すこと。

今日、教会はこの三つのことを果たすことに悩んでいます。しかし教会は、個人主義的な人のゆえに悩んでいるのではありません。共同体はこうあるべきだと考えている人のゆえに悩んでいるのです。しかし、共同体は、主イエスが呼び集められたところに成り立つものではなかったでしょうか。教会は、宣教に不熱心な人に悩んでいるのではありません。宣教に熱心な人のゆえに悩んでいるのです。宣教を特定の形ですることしか認めない人のゆえに悩んでいるのです。しかし、宣教は本来主イエスの働きではなかったでしょうか。主の働きは限定づけることはできないのです。悪霊は否定的な力ですが、教会は、「私は信仰的だ」と自負することによって、自ら否定的な力になる人のゆえに悩んでいるのです。しかし、教会はただ恵みによって救われた者の集いであり、誇ることのできる人は、誰一人いないのではないでしょうか。

どうしたらよいのでしょうか。道はただ一つ。最初のところに戻ること、すなわち主イエスの言葉、「わたしに従いなさい」という主イエスの言葉に戻ることです。私は一つのことを考えています。「わたしに従って来なさい」という主イエスの言葉に戻ることによって、すべてのことは新しい出発点を与えられると共に、新しい帰結点を与えられるであろう、と。

「わたしに従って来なさい」これこそ私たちの信仰生活の原点なのです。ペトロは復活の主から、「わたしを愛しているか」と三度問われ、三度「わたしの羊を飼いなさい」と再召命を受け、「わたしに従いなさい」と言われた時、彼はこれしかないと思い定めたのです。

［聖想　20］　召命ということ　（エレミヤ書1・4～10）

しかし、主はわたしに言われた。
「若者に過ぎないと言ってはならない。
わたしがあなたを、だれのところへ遣わそうとも、

行ってわたしが命じることをすべて語れ。」（7）

「諸国民の預言者として立てた」（5）という言葉に、エレミヤの自負を読み取ろうとする人がありますが、それは違います。それが彼にとってどんなに大変なことであり、恐るべきことであるかは、彼自身予想し得るところでした。だからこそ彼は拒否するのです。6節に彼は言います。

「ああ、わが主なる神よ
わたしは語る言葉を知りません。
わたしは若者に過ぎませんから。」

事実この後、彼は預言者として立てられ、恐れなく語っているようでありながら、苦しみの激しさと自らの無力のゆえに、しばしば泣き言を言うのです。彼は決してエリヤのように、火のような闘志を持った人でもなければ、イザヤのように、「わたしがここにおります。わたしをお遣わしください」と勇気をもって言う人でもありませんでした。彼は弱い人間でした。預言者としての成功を約束するようなものは、何も持っていませんでした。ただ彼は、「わたしはあなたを用いる」という圧倒的な神の迫りの前に、断る術を失ったのです。

神はエレミヤの拒否に対して理由を告げることなく、「あなたは行くことになる」「あなたは語ることになる」と言われるのです。ただ神は、御自分に信頼する者を見捨てることはなさいません。「必ず救い出す」と約束され、口に言葉を授け、権威を委ねられます。この権威とは御言葉の権威、語られたことは必ず成就するという権威です。私は、これが召命ということだ、と理解しています。

［聖想　21］　主の呼び集め　（ルカ14・15～24）

ある人が盛大な宴会を催そうとして、大勢の人を招き、宴会の時刻になったので、僕《しもべ》を送り、招いておいた人々に、

「もう用意ができましたから、おいでください」と言わせた。

すると皆、次々に断った。（16～18）

主は呼び集める人として来られました。しかし人々は応じようとはしませんでした。ルカによる福音書14章15節以下に、一緒に食事をしていた人が、「神の国で食事をする人は、何と幸いなことでしょう」と言った時、主は、盛大な宴会を催そうと、人々を招いた人のたとえを話されたことが記されています。聖書では、しばしば神の国はこうした宴会や婚宴にたとえられます。ところが人々は、自分勝手な、しかし自分ではのっぴきならないと思われる理由で断ったのです。これは私たちの姿です。私たちも「神の国は、すばらしいです」と言うのです。しかし招きは、のっぴきならない理由で、いや、私自身はのっぴきならないと思っていても、何とかすれば何とかなる理由で断るのです。それは第2、第3のことを

第1のこととした結果です。

私はこのたとえの中に、主の悲しみを感じます。事実、主はエルサレムに来て、エルサレムのために嘆いて言われました。「エルサレム、エルサレム、預言者たちを殺し、自分に遣わされた人々を石で打ち殺す者よ、めん鳥が雛を羽の下に集めるように、わたしはお前の子らを何度集めようとしたことか。だが、お前たちは応じようとしなかった」（マタイ23・37）と。そして十字架は、主イエスの最後の招き、最後の呼び集めだったのです。

主の呼び集めはこれで終わったのではありません。主は、呼び集められた人々に、呼び集めることを委ねられました。弟子たち、そしてキリストにある共同体は、自分たちを主によって呼び集められた群れとして自覚し、人々を主イエスのもとへ呼び集めることを使命としました。こうして呼び集める主イエスの業は、今も継続されています。

［聖想　22］

言葉に応じる　（ヨハネ4・22〜24）

しかし、まことの礼拝をする者たちが、
霊と真理をもって父を礼拝する時が来る。
今がその時である。なぜなら、
父はこのように礼拝する者を求めておられるからだ。（23）

私たちの教会は、主イエスが呼び集めてくださったのだと、信じるところから始まりました。私たちは何となく集まったのでも、ここがよい教会だから集まったのでもなく、主が呼び集められたので群れとなったのです。群れとならせて頂いただけではなく、今日も呼び集められて集まったのです。礼拝が招詞で始まるのはそのためです。

私たちは誰のために礼拝に来ているのでしょうか。教会員の義務でしょうか、責任でしょうか。初代の教会は礼拝への参加を、教会員の義務として、ねばならぬこととして、捉えたことはありませんでした。十戒の第4戒、安息日の規定に当てはめたことはありませんでした。紀元4世紀、皇帝コンスタンティヌスがキリスト教を国教とし、日曜日を休日と定め、礼拝への参加を義務として位置付け、後には罰則さえ定めました。その頃から礼拝の形骸化は始まったのです。

礼拝参加は、教会のためでも、牧師のためでも、自分自身のためでさえありません。それは主イエスの福音への呼び集めです。私たちはそれに応じて集まり、そこで「わたしについて来なさい」との御声を聞くのです。しかし私たちは、主が人々の間を歩かれた頃より、御声を聞くことに困難があると思っていないでしょうか。かつては主を主であると認識することができたのですから。それだけ私たちは、主を認識するのに時間がかかり、勉強が必要だと考えるなら、それは誤解です。主への認識が、私たちを「わたしについて来なさい」との主の言葉に応じさせるのではありません。「わたしについて来なさい」との言葉に応じることが、本当の主の認識に至らせるのです。

［聖想　23］　恐れ　（士師記21・25）

そのころ、イスラエルには王がなく、
それぞれ自分の目に正しいとすることを行っていた。（25）

「そのころ、イスラエルには王がなく、それぞれ自分の目に正しいとすることを行っていた」という士師記最後の言葉に、私は恐れを覚えるのです。

イスラエル民族は、モーセの後継者ヨシュアの指導のもとに、約束の地カナンに入ることができました。正確には分かりませんが、紀元前一二〇〇年頃と思われます。そして土地は十二部族ごとに分け与えられました。しかしそれはカナンの地を征服したことを意味しません。また国家ができたことをも意味しません。部族はそれぞれの部族としてまとまり、全体はひとつの聖所を中心に、信仰を同じくする群れとして緩やかにまとまったのです。それは一種の宗教連合でした。中心の聖所は最初はシケムでしたが、何らかの理由でシロへ、そしてギルガルへと移されたようです。この中心聖所は、十二部族が月極めで保護管理に当たり、その祭では律法が朗読され、民はそれを守ることを誓約することにより、イスラエル民族としての統一を確認したと思われます。

しかしこのことは、二つの面で困難に直面します。ひとつはヨシュアが心配したとおり、近隣諸民族の偶像礼拝のことです。個々の人間の欲求に答えるこれらの宗教は、イスラエル民族には大きな誘惑でした。それだけに偶像礼拝に陥ると、部族としての、また民族としての団結は破れてしまいます。もうひとつは、指導者がいなかったことです。人々が偶像礼拝に走り、団結を失う時、敵の攻撃を受け、苦しみます。悔い改めて祈ると、神は彼らのために指導者を与えられます。彼は全生涯をかけて部族を導きます。しかし彼が死ぬと、人々は再び偶像に走ります。そして敵の攻撃を受けます。これが士師記最後の言葉の意味です。そこには恐ろしいばかりの虚しさが広がっています。

[聖想　24]　神の声　（サムエル記上3・19～4・1）

サムエルは成長していった。主は彼と共におられ、その言葉は一つたりとも地に落ちることはなかった。ダンからベエル・シェバに至るまでのすべての人々は、サムエルが主の預言者として信頼するに足る人であることを認めた。主は引き続きシロで御自身を現された。主は御言葉をもって、シ

ロでサムエルに御自身を示された。サムエルの言葉は全イスラエルに及んだ。（19〜21）

神はイスラエル民族のために、一人の人物を用意しておられました。それがサムエルです。サムエルの出生物語と、それに続く召命の出来事は、あまりにも有名です。またすべてが生き生きと描かれ（サムエル記上1・1〜3・18）、ほとんど説明を要しません。ただ3章1節、「そのころ、主の言葉が臨むことは少なく、幻が示されることもまれであった」という言葉は、士師記21章25節の言葉に対応するものです。それは霊的低迷の時代でした。信仰の指導者であるべき祭司でさえ、神の言葉を聞くことがなく、黙示を受けることもなかったのです。

この時、サムエルは神の声を聞きます。しかし、サムエルはまだ神の声を聞いたことがなかったので、祭司エリが呼んだのだと思って走って行きます。三度目にはさすがのエリも気がつきます。「もしまた呼びかけられたら、『主よ、お話しください。僕《しもべ》は聞いております』と言いなさい。」

こうしてサムエルは最後の士師であると同時に、最初の預言者となります。イスラエルのすべての人々は、彼を主の預言者として信頼します。それは彼のうちに神の言葉が働いていたからです。サムエル記はこう記しています。「主は彼と共におられ、その言葉は一つたりとも地に落ちることはなかった。……主は御言葉をもって、シロでサムエルに御自身を示された。サムエルの言葉は全イスラエルに及んだ」。（上3・19、21、4・1）

〔聖想　25〕　**神の言葉**　（ヘブライ1・1～2）

神は、かつて預言者たちによって、多くのかたちで、
また多くの仕方で先祖に語られたが、この終わりの時代には、
御子によってわたしたちに語られました。（1～2）

神の言葉は私たちを感動させせません。神の言葉は私たちに呼びかけ、応答を促し、決断を迫ります。こうして私たちは神の言葉を受け入れ、従う決断をします。私たちが神の言葉に従う者となる時、神の言葉は私たちの中において出来事となります。サムエル物語はそのことを示しています。

後にペトロは、神殿における説教の中でこう語りました。
「モーセは言いました。『あなたがたの神である主は、あなたがたの同胞の中から、わたしのような預言者をあなたがたのために立てられる。彼が語りかけることには、何でも聞き従え。この預言者に耳を傾けない者は皆、民の中から滅ぼし絶やされる。』」（使徒言行録3・22～23）

この言葉は主として、申命記18章15、18～19節から取られたものです。そしてここはモーセによる主イエス預言とされています。ペトロはこう言い添えます。

「預言者は皆、サムエルをはじめその後に預言した者も、今の時について告げています」（24）と。

ヘブライ人への手紙1章1～2節にはこうあります。

「神は、かつて預言者たちによって、多くのかたちで、また多くの仕方で先祖に語られたが、この終わりの時代には、御子によってわたしたちに語られました」と。

私たちは「今は聖書において語られます」と付け加えたい思いですが、果たして私たちは、聖書において神の言葉を聴いているでしょうか。聖書を読むことと、聖書において神の言葉を聴くこととは違うことです。私は今、御言葉を聴くことを求めねばならないと思っています。

［聖想　26］　**沈黙と黙想**　（詩編62・2～9）

わたしの魂は沈黙して、ただ神に向かう。

　神にわたしの救いはある。（2）

わたしの魂よ、沈黙して、ただ神に向かえ。

　神にのみ、わたしは希望をおいている。（6）


神の前における沈黙は、ただ聴くためです。

沈黙は神の言葉を聴くことによって、本当の意味を与えられます。こうした時のことを、古くから「黙想の時」と言いならわしてきました。英語ではメディテーションで、通常瞑想と訳されますが、黙想のほうがよいでしょう。教会の古いならわしであり、宗教改革でも取り上げられた言葉ですが、プロテスタント教会はこれを失ってしまいました。かつて参加したキャンプで「瞑想―メディテーションの時間」がありました。しかしそれはどうすることなのか、何の説明もありませんでしたから、私たちは全く意味のない時を過ごすか、妄想に陥ってしまったのです。神の言葉が私たちの魂の中にまで届くのには、時間がかかります。

ボンヘッファーは言っています。「しばしば我々は、ほかの思いとイメージと思い煩いに取り憑かれ、押しひしがれているので、神の言葉がすべてを押しのけて、我々の下に届くまでに、長い時間を要するのである。しかし神の言葉は……確かに来る。それゆえ我々は、神がその言葉を通して聖霊を我々に送り、我々に御言葉を啓示し、我々の心が御言葉に向かって開かれるようにという祈りをもって、我々の黙想を始めるのである」（『共に生きる生活』78頁、新教出版社）と。

今日、私たちは聖書を読むほかはありません。読むことと聴くこととは違います。聴くことは研究することではありません。そこで読むことから聴くことへ転換がなされねばなりません。その心の働きが黙想です。私は神の前に沈黙し、黙想のうちに神の御言葉に聴くことをお勧めしたいのです。

［聖想　27］　**御言葉の働き**　（テサロニケ一2・13）

このようなわけで、わたしたちは絶えず神に感謝しています。なぜなら、わたしたちから神の言葉を聞いたとき、あなたがたは、それを人の言葉としてではなく、神の言葉として受け入れたからです。事実、それは神の言葉であり、また、信じているあなたがたの中に現に働いているものです。（13）

黙想の時、私たちは新しい思想を発見しようと努める必要はありません。また特別な感動を求める必要もありません。御言葉が心に留まるようにすればよいのです。もちろん黙想は私たちを成長させます。私たちを変えます。それは御言葉自身の働きによります。御言葉が働きをするとは、聖書の信仰です。イザヤ書55章11節（口語訳）にはこうあります。

このように、わが口から出る言葉も、
むなしくわたしに帰らない。
わたしの喜ぶところのことをなし、
わたしが命じ送った事を果す。

そしてパウロは、テサロニケの信徒への手紙一に、自分の説いた言葉を、彼らが神の言葉として受け入れてくれたことを感謝し、こう書いています。「それは神の言葉であり、また、信じているあなたがたの中に現に働いているものです」（2・13）と。

こうして御言葉は、私たちを祈りへと導きます。御言葉を受け入れることができるようにというのも祈りですが、御言葉は私たちがいかに祈るべきかを示してくれます。かつて三浦綾子さんがこう言ったのはそのことです。「祈る時、私たちはまず、神がどんな方であるかを思い浮かべ、その方が私に、どんな祈りを求めておられるかを、静かに問うてみることから始めるとよいと思う」。

御言葉は私たちの祈りを、自分勝手な思いや傲慢から守ってくださり、不安や恐れの中で支えてくださいます。

［聖想　28］　**出会いの機会**　（ヨハネ1・43〜51）

ナタナエルが、「どうしてわたしを知っておられるのですか」と言うと、イエスは答えて、「わたしは、あなたがフィリポから話しかけられる前に、いちじくの木の下にいるのを見た」と言われた。（48）

信仰は、教え込むことも、譲り渡すこともできません。信仰はその人が、主イエスに出会うことによってのみ起こります。信仰は出会いの贈り物なのです。私たちは出会いを作り出すことはできませんが、出会いの機会を備えることはできます。そうした一人がサムエルの先生であった祭司エリです。彼はサムエルに、「それは神だ。もしまた呼びかけられたら、『主よ、お話ください。僕《しもべ》は聞いております』と言いなさい」と、出会いの機会を備えるのです。

もう一人はフィリポです。彼は、「ナザレから何か良いものが出るだろうか」と冷淡に答えるナタナエルを、「来て、見なさい」と主イエスのところへ引っ張ってきて、出会いの機会を備えるのです。主はナタナエルを見るなり言われました。「見なさい。まことのイスラエル人だ。この人には偽りがない。」驚いたナタナエルは聞きます、「どうしてわたしを知っておられるのですか。」主は答えます、「わたしは、あなたがフィリポから話しかける前に、いちじくの木の下にいるのを見た。」木の下は敬虔なユダヤ人にとって祈りと黙想の場でした。主は彼の祈りと黙想の姿の中に、彼の真実を見てとられたのです。

ナタナエルは自分が主と出会う前に、主はすでに自分と出会っておられたこと、さらに、フィリポが主に出会ったことも、自分の出会いのために備えられていたのだと悟ったのです。すでに天は開かれていたのです。(51参照) 彼は直ちに告白します、「ラビ、あなたは神の子です。イスラエルの王です」と。

出会いは、出会いを生み、出会いは出来事となります。こうして私たちは「もっと偉大なことを見ること」になります。

［聖想　29］　ソロモンの献堂の祈り　（列王記上8・22〜55）

神は果たして地上にお住いになるでしょうか。
天も、天の天もあなたをお納めすることはできません。
わたしが建てたこの神殿など、なおふさわしくありません。
……夜も昼もこの神殿に、このところに御目を注いでください。
ここはあなたが、「わたしの名をとどめる」と仰せになったところです。
このところに向かって僕がささげる祈りを聞き届けてください。（27〜29）

1990年1月28日、私たちは東所沢教会の献堂式を行いました。礼拝においては、このような場合の常で、列王記上8章22〜30節のソロモンの献堂の祈りが読まれました。ダビデが計画し、その子ソロモンが神殿建設を開始したのは、紀元前958年。7年の歳月をかけて完成しました。イスラエル民族が心を合わせ、力を合わせ、そのために献げ、いかに努力したかは、歴代誌下5章に記されています。

ソロモンの祈りは、深く鋭い認識を示しています。父ダビデの意向に従って、彼は神の家を建設したのですが、そこを神の住いとして限定することはできないことを知っていたのです。「神は果たして地上にお住いになるでしょうか。天も、天の天もあなたをお納めすることはできません。わたしが建てたこの神殿など、なおふさわしくありません。」従って神殿は、そこで人が神に向かって祈る時、神が聞きたもう場所、神と出会う場所なのです。もう少し言葉を換えて言えば、神殿には礼拝者がそこにいる限りにおいて神がいましたもう、ということなのです。

これは私たちにとっても同じです。教会堂は礼拝者がいなければ、単なる虚空間に過ぎないのです。ソロモンが、「わたしたちが祈りをささげる時、そこに目を注いでください」と祈ったことを、心に留めましょう。

［聖想　30］　商売の家　（ヨハネ2・13～17）

イエスは縄で鞭を作り、羊や牛をすべて境内から追い出し、両替人の金をまき散らし、その台を倒し、鳩を売る者たちに言われた。「このような物はここから運び出せ。わたしの父の家を商売の家としてはならない。」（15～16）

主イエスの「宮潔め」の出来事は、三つの福音書（マタイ、マルコ、ルカ）では、主イエスの生涯の終わりの時期、受難物語の中に置かれています。従って私たちは通常、受難週の第2日目、月曜日にその箇所を読む習慣があります。そして三つの福音書では、宮潔めの出来事は、ユダヤ人指導者の憎しみを増大させ、主の死への直接の原因になったとしています。

ヨハネ福音書は、これを主の公生涯の始めに置いています。ただ三つの福音書がエレミヤ書7章11節を引用して、「『わたしの家は祈りの家ととなえられるべきである』と書いてあるのに、あなたがたはそれを強盗の巣にしている」としたのに対して、ヨハネによる福音書は「わたしの父の家を商売の家としてはならない」とし、弟子たちが後で「『あなたの家を思う熱意がわたしを食い尽くす』と書いてあるのを思い出した」と記しています。（詩編69・9参照）

神殿内で、犠牲の動物を売ることも両替をすることも、巡礼者の便宜を図ってのことです。しかし、これらの商売を取り仕切っていたのは祭司たちで、アンナスの市場と呼ばれ、莫大な利益を得ていました。それが主イエスが「強盗の巣としてはならない」と言われた理由です。私は、ヨハネ福音書では、なぜ「強盗の巣」から「商売の家」と言い変えたかに興味があります。神殿を強盗の巣にしたのは、ユダヤ人の宗教的指導者たちでした。しかし、商売の家にしたのは、売り手と買い手のみんなでした。そこでは、信仰を神との取り引きにしてしまったのです。私は御利益信仰ならぬ取り引き信仰は、福音信仰の不倶戴天の敵だと思っています。神からの恵みは、献げ物や奉仕の大小によって決まるのです。そこに神はおられません。

［聖想　31］　礼拝する場　（ヨハネ4・19〜24）

イエスは言われた。「婦人よ、わたしを信じなさい。あなたがたが、この山でもエルサレムでもない所で、父を礼拝する時が来る。……まことの礼拝をする者たちが、霊と真理をもって父を礼拝する時が来る。今がその時である。」（21、23）

宮潔めの出来事は、主イエスらしからぬ振舞いと感じられたり、果たして主イエスひとりでそんなことが可能だったのか、と思われたものです。確かに8万平方米もある広大な神殿の庭を、一人で潔めるなど考えられません。だとするとこれは象徴的行為となります。祭司たちにとっては権益の侵害でした。彼らは言います。「こんなことをするからには、どんなしるしを見せるつもりか」。しるしとは、今で言えばメシアであることの資格証明です。

主は答えられます。「この神殿を壊してみよ。三日で建て直して見せる」。後に彼らはこの言葉を神への冒涜として、主を告訴するのです。「この神殿を建てるのに46年もかかったのに、あなたは三日で建て直すのか」と。最初に神殿を建てたのはソロモンでした。これは紀元前598年、バビロニアの侵攻によって破壊されました。約70年後、ペルシャ王の援助のもとに、紀元前520年再建されましたが、紀元前１９８年シリアのアンティオカスⅣによって破壊されました。これを修復拡張したのがヘロデでした。彼は紀元前19年に工事を始め、紀元64年に完成しました。もしこの時を紀元27年とするなら、46年かかってまだ完成していなかったことになります。そして完成の6年後、紀元70年には、第一次ユダヤ戦争の結果、ローマによって破壊されるのです。弟子たちは後に、御自分の体である神殿のことだと理解しました。主はこれによって神殿における祭儀礼拝の廃棄を告げられるのです。主はサマリアの女に言われました。

「この山でもエルサレムでもない所で、父を礼拝する時が来る。……まことの礼拝をする者たちが、霊と真理をもって礼拝する時が来る。今がその時である」（4・21、23）と。

［聖想　32］

主の神殿　（エレミヤ書7・2〜4）

イスラエルの神、万軍の主はこう言われる。
お前たちの道と行いを正せ。
そうすれば、わたしはお前たちをこの所に住まわせる。
主の神殿、主の神殿、主の神殿という、
　むなしい言葉に依り頼んではならない。（3〜4）

かつてエルサレム神殿のあった所に、今は二つのイスラム教のモスクがあり、イスラム教徒の管理下にあります。それを取り囲む広場の西側の外壁が、いわゆる「嘆きの壁」です。現在壁の高さ18ｍ、長さ60ｍ、地中にはまだ19層の石段約21ｍが埋もれていると言われます。この壁の前にユダヤ人は昼も夜も来て、ある人は壁に頭を寄せ、ある人は体を揺すらせながら祈ります。「嘆きの壁」というのは、ユダヤ人の嘆きの祈りということもありますが、朝毎に壁が夜露に濡れて、泣いているように見えるのでこの名がついたと言われています。彼らは何を祈っているのでしょうか。ある人は、第三神殿の再建を祈っているのだというのですが、私は本当だろうかという気がすると同時に、ユダヤ人にとって神殿とは何だったのだろうか、と考えました。

神殿を建てたソロモンは、壮麗な神殿を神の住まいとは考えていませんでした。神殿に納められていたのは、神の契約の箱だったことは確かですが、実は幕屋ごとの神の箱だったようです。そして幕屋は神の臨在のしるし、神がイスラエルの子らと共に歩んできたことのしるしだったのです。しかし後に預言者エレミヤは、神殿に神が住んでおられるのだから、エルサレムは安全だという迷信的信仰に、激しい非難を浴びせねばなりませんでした。やがてバビロニアの侵略によってエルサレムは陥落、神殿は崩壊しました。もはや神殿は頼みにならず、イスラエルの人々は捕囚として、神殿なしに信仰を守らねばならなくなりました。こうしてシナゴグ、会堂を中心とした信仰生活が起こり、その中で、神は唯一の神であるという信仰を確立するに至りました。これは本当に驚くべきことです。

［聖想　33］　宿られた　（ヨハネ1・14）

言は肉となって、わたしたちの間に宿られた。
わたしたちはその栄光を見た。それは父の独り子としての栄光であって、
恵みと真理とに満ちていた。（14）

紀元前537年、思い掛けない捕囚からの解放、祖国帰還が許された時、第二神殿の建設が企てられました。その時一人の預言者が現れました。第三イザヤです。彼は神殿建設には批判的だったのです。

主はこう言われる。
天はわたしの王座、地はわたしの足台。
あなたたちはどこに
　わたしのために神殿を建てうるか。
何がわたしの安息の場となりうるか。
これらはすべて、わたしの手が造り
これらはすべて、それゆえに存在すると
主は言われる。（66・1〜2）

しかし、神殿はやがて完成し、神殿を中心とした律法的ユダヤ教が始まります。だが第二神殿の中には神の契約の箱はなく、幕屋もありませんでした。にもかかわらず、神は神殿の中に閉じ込められ、人々の中に内在されることはなくなったのです。

神殿に対する批判は、使徒言行録7章のステファノにも受け継がれます。彼は神殿の冒涜者として訴えられます。これに対して彼は、イスラエルの歴史を語り、幕屋のことを述べ、神殿の由来を語り、「いと高き方は人の手で造ったようなものにはお住みになりません」と言って、イザヤ書66章1～2節を引用し、最初の殉教者となりました。

それでは幕屋はどうなってしまったのか。私たちはヨハネによる福音書1章14節に注目すべき言葉を見い出します。「言《ことば》は肉となって、わたしたちの間に宿られた」。「宿られた」という言葉は、「幕屋を張った」とも訳せます。ヨハネ福音書は、肉となった言、独り子なる神、イエス・キリストこそ幕屋だと証言しているのです。この方において、神は私たちと共に《インマヌエル》いますのです。

［聖想　34］

自分が神の神殿　（ヨハネ2・19）

イエスは答えて言われた。

「この神殿を壊してみよ。三日で建て直して見せる。」(19)

この主イエスの言葉は、ユダヤ人の間で物議をかもしだしました。この言葉はマタイ福音書にもマルコ福音書にも、最高法院での裁判の場で、イエスに対する不利な証言という形で出てきます。とくに興味深いのはマルコによる福音書14章58節です。「『わたしは人間の手で造ったこの神殿を打ち倒し、三日あれば、手で造らない別の神殿を建ててみせる』と言うのを、わたしたちは聞きました。」マタイ福音書でもマルコ福音書でも証言が合わず、主イエスを不利に陥れることはできないのですが、私は、主イエスは事実そう言われたと思っています。そして主は、神殿崩壊は現実に起こると見ておられたことは疑いありません。

弟子たちは、主イエスの言われる神殿とは、御自分の体のことだったのだと、主の復活の後に思い出して信じた、というのがヨハネ福音書の結論です。こうしてヨハネによる福音書は1章14節の言葉に立ち返ると共に、4章21～23節の言葉を先取りするのです。まことの礼拝をする所、それは神の幕屋でありたもう主イエス・キリストにおいてです。私たちはこの主イエスにおいて、神が私たちと共におられることを信じるのです。

もうひとつ、コリント信徒への手紙一 3章16節に注目しましょう。パウロはこう言います。「あなたがたは、自分が神の神殿であり、神の霊が自分たちのうちに住んでいることを知らないのですか」と。この群れに神は住み給います。この群れ《エクレシア》こそ神殿です。私たちはこのことを自覚しましょう。と同時に、私自身も神の霊が内に住みたもう神殿だと自覚しましょう。このような個人的信仰の強調は、時に群れとしての共同体信仰を弱めます。しかし私はあえて言いたい。神殿である私たちの体も、欲望や不品行、不健康な業や自暴自棄的な思いで破壊してはならないのです。主イエスは私たちを、死から復活させてくださったのですから。

［聖想　35］　主イエスへの招き　（ヨハネ1・35〜37）

二人の弟子はそれを聞いて、イエスに従った。（37）

私が神学校へ行こうと思ったのは、召命ではありませんでした。単なる憧れでした。ただ、主イエスに従って行こうという思いはありました。そんな私を案じて父は反対しました。後年父は、キリスト教に反対だった祖父への気がねから、と書いていましたが、事実はそうではありません。いろいろ理由を述べ、果ては「お前に能力があるとは思えん」などと言うので、「能力が牧師にするのですか」と反論して、押し切ってしまいました。この傲慢な言葉が後に私に突き刺さってきます。

戦争で大揺れに揺れながら、戦後牧師への道を歩むようにされたのは、生き残った者は何かしなければ、という思いからでした。４年ほどの伝道師時代を経て、牧師試験を受ける直前、私は自分が牧師にふさわしくないことを突きつけられ、祈りました。

「もう止めさせてください。これ以上は私も苦しいし、あなたも損です。」

しかし神から与えられたのは、

「そんなことは分かっている。だがわたしはお前を用いる」というものでした。

私は、「お言葉通りに」と言うほかなかったのです。

これが私の召命です。もし自分のしたいことをするのであれば、状況や条件を考えねばなりません。能力や知識がものをいうでしょう。しかし、神のなさることであれば、状況や条件は問題外です。能力や知識のないことを嘆かなくともよいのです。成功や失敗に一喜一憂し、恐れたり誇ったりする必要がないのです。ただ、主イエスに忠実であればよいのです。

多くの人はペトロの召命を、特別な人への召命だと思ってしまうのですが、この時、ペトロもほかの人々も、信仰告白などしていなかったのです。そうであれば、私たちへの招きも同じです。それは恵みへの招きです。それは私たちを主イエスへと招くからです。

［聖想　36］ **主に従う**　（マルコ2・13〜14）

そして通りがかりに、アルファイの子レビが収税所に座っているのを見かけて、「わたしに従いなさい」と言われた。
彼は立ち上がってイエスに従った。（14）

ボンヘッファーは『主に従う』という本の中で、徴税人レビの召命に関してこう述べています。「招きがなされると、それ以上何の媒介も要しないで、招かれた者の服従と実践が続く。弟子の応答は、口に出されたイエスに対する信仰告白ではなく、服従の行為である」と。そして彼は、人間の理性は、招きと服従のこんなに直接的な結びつきに耐えられないので、そこにいろいろの理由をつけようとする。しかし聖書はそういうことには関心を示さない。確固たる明確な信仰があって、そこから従うことが出てくるのではない。主イエスの招きに対して従うこと以外に、信仰に至る道はないのです。ペトロは、主イエスに対する明確な信仰があったから従ったのではなく、単純に従ったところから、あのフィリポ・カイザリアにおける信仰告白に至ったのです。

私は本当に信仰に至るのは、聖書についてたくさんのことを学ぶことではない、キリスト教の教理について知ることではない、「わたしについて来なさい」との招きに従うことだと捉えています。キリストについて行くとは、キリストに結びつくことです。私たちは信仰に至るために、罪の自覚、悔い改め、教理についての正しい理解がなければならないと考えています。もちろんこれらのことは大事なことです。しかし、それらは招きに先行するものではありません。
　むしろ、招きに応え、主について行く時、そのことの中で罪の自覚は与えられ、悔い改めが生じ、キリストの恵みは一層豊かにされ、教理についても正しい理解に達するのです。

［聖想　37］　罪人を招く　（マルコ2・15〜17）

イエスはこれを聞いて言われた。
「医者を必要とするのは、丈夫な人ではなく病人である。
わたしが来たのは、正しい人を招くためではなく、
罪人を招くためである」。（17）

　主はレビの家で、弟子たちと共に食事の招きを受けられました。そこにはレビの徴税人仲間や罪人たちも座っていました。それを見たファリサイ派の律法学者が、おそらく怒りを込めて、「どうして彼は徴税人や罪人たちと一緒に食事をする

のか」と弟子たちに詰め寄ったのです。ここでいう罪人とは、法律や道徳の違反者ではなく、ファリサイ派によって律法を守らない者に与えられた言葉です。実際には守ろうにも守れない状態にある人々でした。その代表格が徴税人、そしていわゆる犯罪者、売春婦、船乗り、漁師、羊飼い、肉屋、皮なめし業者、それ以下の下級労働者、そして異邦人です。

名前入りで聖書に登場する徴税人は、レビ（マタイ）とザアカイの二人ですが、彼らがどんな理由からこの環境に入ったのか。いずれにせよ止むに止まれぬ理由があったのでしょう。そうなったが最後、もう抜け出すことはできないのです。なぜなら誰からも赦してもらえず、受け入れてもらえないからです。このことは徴税人だけではなく、罪人という言葉で十把一からげに言われている人々にも当てはまります。従って彼らは、そう言われることで、罪人の状態に閉じ込められ、身も心もがんじがらめにされているのです。そして彼らを無視し、排除し、拒絶するファリサイ派の人々の言動がそれに拍車をかけます。主はそれを病人と言われたのです。

マザー・テレサは発見しました。「本当の悲惨は、はじき出されているという意識にとらわれていることである。助けることができるのは愛だけである」。それが彼女の働きの原点でした。神があなたを愛しておられるということを、彼らにピンと来る仕方で伝えたい。彼らがそれを感じる時、彼らは立ち上がり、癒され、平安を得ます。

「わたしが来たのは、正しい人を招くためではなく、罪人を招くためである。」

［聖想　38］

あなたのおきて（詩篇119・109〜110：口語訳）

わたしのいのちは常に危険にさらされています。
しかし、わたしはあなたのおきてを忘れません。
悪しき者はわたしのためにわなを設けました。
しかし、わたしはあなたのさとしから迷い出ません。（109〜110）

詩篇119篇は詩篇の中で一番長い詩です。同時にこの詩は、各8節からなるフレーズが一組になり、それぞれのフレーズの各節の最初がヘブライ語のアルファベットで始まるという、極めて技巧的な詩です。今日の105〜112節は始まりに「ヌン」とありますが、これは英語のNに当たります。つまり、このフレーズは、各節がヌンで始まっています。このように技巧を凝らすと、内容が悪くなるというのが通説ですが、詩篇119篇はそんなものではありません。105〜112節はこう始まります。

あなたのみ言葉はわが足のともしび、
わが道の光です。（口語訳）

御言葉とは旧約の時代には律法のことでしたが、もともと神の教えという意味です。神の言葉はいつでも私たちへの命令という側面を持っており、そこで詩篇の中では、あかし、さとし、戒め、定めなどと表現されています。

この詩人は、自分の人生を旅にたとえています。それは決してたやすいものではなく、危険に満ちたものであり、しばしば罠が仕掛けられたというのです。彼はその状態を、「わたしのいのちは常に危険にさらされています」と言っています。ここは原文通りでは、新共同訳のように、「わたしの魂は常にわたしの手に置かれています」です。魂は命と訳すこともできます。私たちは言うでしょう、「それなら安心なのではないか」と。しかし、それが一番危険なのです。自分を守るものは自分しかいない、そういう状態の時が一番危険なのです。詩人はそのことを知っています。彼は自分の魂を神の御手に置くのです。それが「しかし、わたしはあなたのおきてを忘れません。……しかし、わたしはあなたのさとしから迷い出ません」ということです。

［聖想　39］　**世の光**　（ヨハネ8・12）

イエスは再び言われた。「わたしは世の光である。
わたしに従う者は暗闇の中を歩かず、命の光を持つ。」（12）

北イスラエル王国が紀元前７２２年、アッシリアに滅ぼされて以来、南ユダ王国はアッシリアの重圧に苦しんでいました。アッシリア王センナケリブは南ユダの主な町々をしらみつぶしに攻略し、紀元前６８６年エルサレムを包囲しました。その時奇跡が起こりました。アッシリア軍は18万5千の死体を残して一夜のうちに撤退しました。預言者イザヤが活動した時代です。イザヤ書9章1節は言います。

闇の中に住む民は、大いなる光を見
死の陰の地に住む者の上に、光が輝いた。

しかし光は輝きませんでした。
やがてアッシリアを滅ぼして、バビロンが台頭しますが、南ユダはバビロンに反旗を翻しました。バビロン王ネブカドネツァルはただちに反応し、５９８年と５８７年の二回にわたってエルサレムを攻略、神殿は崩壊、王を始め国の主だった人々を捕囚としてバビロンへ連行、王国は滅亡しました。
60年にわたる捕囚の終わり頃、ペルシャ王のキュロスが興り、預言者は再び光の預言を始めました。第二イザヤです。彼は主の僕《しもべ》の歌の中で、「わたしはあなたの手を取って、諸国の光としてあなたを立てた」（42・6）と言います。キュロスは覇権を握るや、捕囚の民族に祖国帰還を許します。しかし帰国したユダヤ人を待っていたのは、周辺諸民族からの圧迫、飢饉、貧困でした。神殿再建は基礎を置いたまま中止されました。その時第三イザヤが光について預言しました。

起きよ、光を放て。
あなたの照らす光は昇り
主の栄光はあなたの上に輝く。（60・1）

18年間の工事中止の後、神殿は完成しましたが、彼は神殿完成を光とは見ませんでした。

第二イザヤの預言も第三イザヤの預言も、そのままでは成就しませんでしたが、「起きよ、光を放て」との言葉から、後のラビは「光はメシアの名称である」との結論を引き出しました。確かに「すべての人を照らすまことの光があって世に来た」（ヨハネ1・9）のです。こうしたことを背景として、主イエスは「わたしは世の光である」と宣言されるのです。

［聖想　40］　神の愛の深さ　（ホセア書14・2〜8）

イスラエルよ、立ち帰れ
あなたの神、主のもとへ。（2）
親を失った者は
あなたにこそ憐れみを見いだします。（4）

エジプトの援助を頼みに来たイスラエル王国はアッシリアに背きますが、紀元前722年滅ぼされます。預言者ホセアが活動したのはこの激動の時代で、北イスラエル王国滅亡の3年前とされています。彼の預言は、イスラエルの罪の告発、神の裁き、そして神の愛という構成が二回繰り返されています。その前提になっているのが1～3章の、彼の個人的体験です。彼は神の命によって、ゴメルという娘と結婚します。最初に産まれた息子はイズレエルと名付けられます。それはイエフによる血なまぐさい革命が行われた不吉な平原にちなんでいます。二番目の娘はロ・ルハマ、憐れまれぬ者と名づけられました。妻ゴメルが姦淫を疑われたからです。三番目の男の子はロ・アンミ、わが民に非ずと名付けられました。もはや自分の子でないことが明白だったからです。

この後、ゴメルは男のもとに走り、遂に転落して奴隷にまで身を落とします。しかし神は彼に言われます、「行け。夫に愛されながら姦淫する女を愛せよ。それがイスラエルに対する神の愛だから」と。彼はこのことを通してイスラエルに対する神の愛を知り、そこから預言を始めます。今日与えられている14章2～8節は、イスラエルに対する最後の呼びかけです。注目すべきは4節最後の言葉です。「親を失った者は　あなたにこそ憐れみを見いだします」。ある人は、孤児となったイスラエルは、主の憐れみにより頼むほかはなくなった、と言っています。しかし私は敢えて、神の憐れみによる基本的信頼の回復と受け取りたいのです。神もまたこれに答えられます。それが6～8節です。

露のようにわたしはイスラエルに臨み
彼はゆりのように花咲き
レバノンの杉のように根を張る。
その若枝は広がり
オリーブのように美しく
レバノンの杉のように香る。
その陰に宿る人々は再び
麦のように育ち
ぶどうのように花咲く。
彼はレバノンのぶどう酒のようにたたえられる。

こうしてイスラエルは変えられます。背いても、背いてもなお捨てたまわぬ神の愛の深さに心打たれる時、神に対する基本的信頼は生まれ、私たちは変えられるのです。

［聖想　41］　**救いが訪れた**　（ルカ19・1〜10）

イエスは言われた。「今日、救いがこの家を訪れた。この人もアブラハムの子なのだから。人の子は、失われたものを捜して救うために来たのである。」

（9～10）

主イエスが収税所に座っていたレビを招かれたのは、彼が正しい人物だったからでも、信仰深かったためでもなく、彼が罪人だったからです。主は「罪人を招く」と言われます。しかし主はレビの家に招かれ、食事の席に着かれました。手を伸ばして同じ鉢にパンを浸して食べたのです。それが罪人を招くということです。

こう読む時、主イエスはファリサイ派の律法学者に語られただけでなく、私たちにも語られたのであることに気付かせられます。主は言われました。ファリサイ派の人は「この徴税人のような者でもないことを感謝します」と祈った（18・11）と。私たちも心のどこかで、「このような罪人でないことを感謝します」と祈ってはいないでしょうか。心のどこかで、「あんな人が教会に来るのは困る」、「あんな人と同席するのは嫌だ」と思っていないでしょうか。私たちは自分が正しい人になること、正しい人と認められることの誘惑を覚えます。またそれは罠《わな》でもあります。なぜならこの誘惑から、人の無視、排除、拒絶は起こるからです。

主イエスは罪人を招かれます。それは失われた人々を、神との交わりの中へ連れ戻すためです。ルカによる福音書19章が報ずる徴税人の頭《かしら》ザアカイの記事はそれを示しています。自分の家に泊まられた主イエスに、ザアカイが「財産の半分は貧しい人々に施します。……だまし取っていたら、それを四倍にして返します」

と言った時、主は言われます。

「今日、救いがこの家を訪れた。この人もアブラハムの子なのだから。人の子は、失われたものを捜して救うために来たのである」と。

私たちも招かれた罪人です。神に対する基本的信頼を回復され、憂いや恐れの中にではなく、喜びと平安の中に生きることを許されます。招かれる主に従い、人を主のもとへ、その交わりの中へ招く務めをいただいています。

［聖想　42］　自由とは　（ガラテヤ5・1）

この自由を得させるために、キリストはわたしたちを自由の身にしてくださったのです。だから、しっかりしなさい。奴隷の軛《くびき》に二度とつながれてはならない。（1）

今日は暦の上では、「建国記念の日」という祝日となっています。私たちはこの日を「信教の自由を守る日」と呼んでいます。もちろん日本キリスト教団がそう決めたので、暦には載っていません。2月11日は、かつては「紀元節」と呼ばれ、日本の第一代の天皇とされる神武天皇の即位の日とされました。もちろん推測によるもので何の歴史的根拠もありません。日本のかつての祝祭日は、すべて天皇家や宮中の行事、または軍隊の記念日でした。終戦後の１９４８年、これらの祝祭日は廃止されたのですが、呼び方を変えただけです。しかし紀元節だけは廃止されただけで、決定されなかったのです。１９６６年12月８日、国会の審議を経ることなく、建国記念日を２月11日にすることが決定しました。戦争への反省もなく、天皇制復活への意図が見られるので、教団は直ちに反対の声明を出し、この日を「信教の自由を守る日」としました。この頃から靖国神社国営化の議論がたけなわとなり、また信教の自由を守る集会が開かれ、今日に至っています。

ところで信教の自由ということは、教会の中でさえ余り理解されません。しかし信教の自由はすべての自由にかかわっており、信教の自由がなくなる時は、思想の自由、言論の自由、表現の自由、集会の自由、結社の自由もなくなる、信じない自由もなくなると思っています。そればかりでなく、日頃から自由ということに目を注いでいないと、自分の自由がなくなっても気がつかず、かえって他の人の自由を侵すようになります。自由とは、人がありのままに生き、他の人をありのままに生かすことです。しかし人にはなかなかそれができません。自分の自由だけを主張するので、他の人の自由と衝突し、侵害します。そして自分もありのままに生きられなくなります。それは私たちの罪のゆえです。罪に囚われている限り、自由ではありません。主イエスは私たちを自由にしてくださったのです。

［聖想　43］　神の御意志　（ヨハネ7・14～24）

モーセの律法を破らないようにと、人は安息日であっても割礼を受けるのに、わたしが安息日に全身をいやしたからといって腹を立てるのか。うわべだけで裁くのをやめ、正しい裁きをしなさい。（23～24）

このところはヨハネによる福音書5章1～18節で、主イエスが38年間病気で苦しんでいた人を、安息日にいやされたことに発しています。ユダヤ人にとって安息日のいやしは、律法違反でした。そしてこのことは主イエスの迫害にまで発展します。ユダヤ人たちは主イエスを殺そうとねらうようになります。

皆さんの中に38才の方がおられるでしょうか。いや、自分の人生の中の38年を、ベテスダの池のそばで、はかない望みを抱き、それを打ち砕かれつつ38年間を過ごした人のことを覚えてください。ゲルトリュード・キュックリッヒ先生は、38才の誕生日にこのところを読んで衝撃を受け、宣教師になる決心をし、日本に来て幼児教育に生涯を捧げられました。主イエスがこの人を見て、心動かされなかったはずはありません。安息日であったとしても、神の御意志は人を生かすことであったとすれば、いやすことこそ神の御意志を行うことなのです。

主イエスにとって神の目指すところは、そして律法の目指すところは、人を生かすことにありました。主は律法を形式的なところではなく、その本義に返って取り上げられます。私たちは神の御意志が、主を十字架の上に死なせることにあったと考えてはなりません。神の御意志は人を生かすことにあったのです。そのために主の十字架が必要だったのです。人々の罪の思いをぬぐい去り、愛によって人を神と結びつけ、生かすために必要だったのです。

この十字架の愛によって、私たちは、罪の縄目にがんじがらめにされている自我を解き放され、神ともはや離されることのないように結びつけられ、神の御意志を行うことを可能にされるのです。

自由とは神の御意志を行うところにあります。神の御意志は人を生かすことです。だとすれば自分も他の人も、再び奴隷の軛《くびき》につながれることを許すべきではありません。

［聖想　44］

たとえで語る　（ルカ８・９〜10）

「彼らが見ても見えず、聞いても理解できない」ようになるためである。（10ｂ）

主イエスがたとえを用いて話されたことは、よく知られています。私たちがたとえを用いるのは、理解しやすくするためです。最も、適切なたとえは理解を助けるのですが、不適切なたとえは聞き手を混乱させ、何のことだろうと考えているうちに話は先に進んで、さっぱりわからなくなってしまうことも起こります。たとえは誰もが知っていることを手がかりにして、よく知られていないことを示そうとするために用います。ルカ8章の「種まきのたとえ」で言えば、種まきと収穫ということは、主イエスの現在の宣教と来たるべき神の国とを示しています。そのように聞く人は、終わりの日の驚くべき収穫を確信して、勇気付けられたことでしょう。またこのたとえを、福音を受け入れることを中心に聞くと、種と土地とは、福音を聞く人々の様相と来たるべき恵みの結果を示すことになります。

ところが主イエスは、たとえで語る理由を、イザヤ書6章9～10節を引用して述べています。要するに、理解させないためにたとえで語る、ということになります。これはどういうことでしょうか。主イエスの言葉は、弟子たちと他の人々との間に、はっきりと隔たりを置いています。そこである人は、「理解できないようになるために」という言葉を、目的を表すものではなく、原因を表す言葉とすべきだと言うのです。つまり他の人々は、見ても見えず、聞いても悟らないから、たとえで話す、と言うことになります。私はたとえが分かるようになるためには、語り手と聞き手との間に、ある程度の関係が存在していなければならないように思います。言い換えると、主イエスのたとえが分かるかどうかは、語り手である主イエスと聞き手である弟子たち、ひいては私たちとの関係の深さ、浅さにかかっているのです。そこで「聞く耳のある者は聞きなさい」との主イエスの言葉が無限の重さをもって響くのです。そして「主よ、私の耳を開いてください」と祈ります。

［聖想　45］　御言葉に留まる　（ルカ8・11〜15）

このたとえの意味はこうである。種は神の言葉である。（11）

ここには四種類の土地のことが出てきます。それが一見してわかるものなら、種まく人はあらかじめ有効性を考えることができます。しかし、それが聞く人の内面性を示すものなら、有効性を考えることは不可能です。それが宣教ということが持つ基本的性格です。ただ、種は神の言葉です。それ以外であってはならず、それ以外のものには命がないからです。つまり芽生え、育ち、実を結び、その実が次の種まきに用いられることはないからです。

ここに出て来る四種類の土地は、四種類の人間がいるということではありません。私たちはこれを、誰にでも生じる心の状態とすべきでしょう。

第1の道端に落ちた種は、踏みつけられ、鳥に食べられてしまいます。鳥は悪魔です。それは神から引き離そうとする力です。その力は私たちの内外に働きます。聖書の話が終わるとすぐ雑談。いつの間にか御言葉は心から飛び去ってしまうのです。かつてある方が訴えられました。「教会からの帰途、古い方から声をかけられ、『今日の説教ね、あれは牧師の考えですからね。』これで心の中にあった御言葉は消えてしまいました。」悪魔が奪ったのです。

第2は石地です。いずれも急速な芽生え。根なし、水なし、すぐ枯れることを表しています。感激はすぐ冷めるのです。ルカは「迫害」ではなく「試練」としています。人は一寸したことに躓くものです。

第3はいばらの中です。何と多くの人が、生活の心づかい、富や快楽に覆い被され、実が熟するに至らなかったことでしょう。それはまことに痛ましいことです。

良い地に蒔かれた種は、ルカが述べるように、「良い土地に落ちたのは、立派な善い心で御言葉を聞き、よく守り、忍耐して実を結ぶ人たちである。」

たとえ収穫は乏しくとも、結局、実りは御言葉に留まるかどうかなのです。そのために必要なのは、第1は暗唱すること、第2は黙想すること、第3は繰り返し自分に言って聞かせることです。説教は聞いたら終わりではなく、聞いた後に自分への自分の説教が始まるのです。

［聖想　46］　待っておられる神　（イザヤ書30・18～21）

それゆえ、主は恵みを与えようとして

あなたを待ち
それゆえ、主は憐れみを与えようとして
　立ち上がられる。
まことに、主は正義の神。
なんと幸いなことか、すべて主を待ち望む人は。（18）

この預言は、イザヤよりもっと後、紀元前598年バビロンによる第一回目のエルサレム陥落と、587年第二回目の陥落の間のものであろうと言われます。ある人はバビロン捕囚の時期とします。いずれにしても言いようのない悲惨の中でイスラエルの人々が呻いていた時代、自分たちが神に背き、御心から離れた結果だという罪の苦しみに、うちひしがれていた時でした。神は自分たちを見捨ててしまわれたのだ、そう思っていた時でした。

神は私たちを待っておられる。待っておられるだけではない、憐れみを与えようと立ち上がっておられる。私はルカ15章の「放蕩息子のたとえ」を思い起こします。父は待っていました。まだ遠く離れているのに、見つけ、立ち上がり、走り寄り、首を抱き、接吻したのです。主イエスは待っておられる父なる神の御心をよく御存じだったのです。だからこそイザヤは「なんと幸いなことか、すべて主を待ち望む人は」と言うのです。

神は私たちを待っておられます。神は、私たちが神に背を向け、神から離れることをお望みになりません。神のほうに向き直り、神に目を注ぐことを待っておられます。あなたは今、どこを向いていますか。何に目を注いでいますか。仕事の成功ですか。家庭の安全ですか、最高の教育ですか。願望の実現ですか。それがあなたの最大の関心事ですか。しかしそこに神がおいでにならなければ、一切はむなしいのです。これが第1のことです。

第2は、神の言葉に聴くことです。神は御自分のほうへ向き直ることだけでなく、新しく示された方向へ歩み始めることを望まれます。イザヤは言います。

あなたの耳は、背後から語られる言葉を聞く。
「これが行くべき道だ。ここを歩け
右に行け、左に行け」と。（21）。

［聖想　47］　祝福する　（マタイ5・1～12）

心の貧しい人々は、幸いである。天の国はその人たちのものである。（3）

私は「幸いである」という訳は不満なのです。文語訳の「幸いなるかな」のほうがよいと思います。ここでは喜びを表す感嘆詞が最初に出てきているのです。イザヤのように「なんと幸いなことか」と言うべきでしょうか。

ここは「山上の説教」と呼ばれているので、私たちは全体を教訓、あるいは戒めとして読みます。確かにその面もありますが、それに先立って祝福があります。これが聖書全体の構造なのです。祝福を与えるということが神の意志であり、御旨なのです。

創世記を見ますと、1～11章に天地創造と人間の罪によるその破壊が記され、12章からは新しい神の救いの歴史が始まります。その最初に出てくるのが、アブラハムの選び、アブラハムを通してのイスラエル民族の選びです。この時与えられた神の約束は、「わたしはあなたを祝福する。あなたは祝福の源となる」、でした。つまり歴史の始まりは祝福なのです。

出エジプト記20章にモーセの十戒が出てきます。十戒の序文は、「わたしは主、あなたの神、あなたをエジプトの国、奴隷の家から導き出した神である」と、神の恵みを思い起こさせる言葉です。つまり律法の始まりは祝福なのです。十戒もそうですが、本来律法と呼ばれているもの、いや、神の言葉そのものがいつもは命令なのです。しかし、それは私たちを束縛し押えつける命令ではなく、私たちを助け祝福する命令なのです。

私たちは聖書において、神の言葉を読む時、そこに「～ねばならぬ」を読み取りがちです。そうすると、その厳しさに恐れおののくか、そうでなければ、最初から放棄してしまうのです。そして神の恵みを失うのです。ですから、神の言葉を読む時、「～ねばならぬ」を読み取らず、恵みの言葉を聴きましょう。ですから、山上の説教を、教訓、戒めとして聴いたとしても、それは祝福なのだということを、心に留めておきたいのです。

［聖想　48］　**何と幸いなことよ**　（マタイ5・1～12）

心の貧しい人々は、幸いである、
　天の国はその人たちのものである。
悲しむ人々は、幸いである、
　その人たちは慰められる。
柔和な人々は、幸いである、
　その人たちは地を受け継ぐ。

実はルカによる福音書6章20節以下にも同じような言葉があります。ただしルカでは、山上ではなく、平地に下りてきてからのことになっています。内容も少し違っています。ルカはマタイが上げた7種類の人々のうち、4種類だけを取り上げ、それも、「貧しい人々」、「今飢えている人々」、「今泣いている人々」、「人々に憎まれ、ののしられ、汚名を着せられるとき」としています。そこには何の条件もなく、端的に述べられているので、このほうが主イエスのもとの言葉に近いとされています。

しかし、マタイはこのように言い表さずにはおられなかったのです。ファリサイ派は大体中産階級の人々でしたが、マタイが福音書を書いた頃には、富裕層のみを味方にしたサドカイ派とは違って、貧しい階級の人々の中にもファリサイ派は浸透してきていました（ヨセフス『古代誌』XIII297〜298、『旧約新約聖書大事典』該当箇所参照）。彼らは厳格に律法を守る義人であり、当然神の祝福にあずかる資格があると自任していました。外見上は貧しくても、心は富んでいたのです。そこでマタイは心の底まで自分の拠り所を持たない人々、と言わずにはおられなかったのです。

悲しむ人々というのも同様です。これはもともと死への嘆きでした。愛する者を喪った悲しみは慰めなき悲しみです。このことから神から捨てられた者の悲しみを意味するようになりました。本当に自分の罪を知った者は、自分は赦されるはずもないと感じます。それが慰めなき悲しみです。柔和な人々というのも、ただ穏やかなことではなく、打ち砕かれて卑しめられている人々のことです。

今や、主はこのような人々への祝福を告げられます。なぜならこのような人々にこそ、「何と幸いなことよ」という呼びかけが必要だからです。慰めが必要だからです。

［聖想　49］

神からの逃走　（ヨナ書1・1〜10）

しかしヨナは主から逃れようとして出発し、タルシシュに向かった。（3）

ヨナは神からの逃走を図った預言者でした。預言者は、神から「語れ」と命じられれば、あますことなく語るのが使命でした。ところが彼は、神から「立って、ニネベに行け」と言われると、立ってヤッファに下って行き、タルシシュ行きの船に乗り込むのです。タルシシュはおそらく地中海の反対側、スペイン半島の東海岸であろうとされています。ヨナはできるだけ神から遠くへ行こうとしたのでしょう。

神からの逃走は、物理的距離的なもので表されるばかりではありません。彼は主の呼びかけを聞こうとしなかったのです。あれこれ理由をつけて、神の呼びかけを聞こうとしないことこそ、神からの逃走ではないでしょうか。そして私たちもまた、神からの逃走を試みるのです。

ヨナの逃走はうまく行きませんでした。彼は詩篇139篇を知らなかったのでしょうか。

わたしはどこへ行って、
あなたのみたまを離れましょうか。
わたしはどこへ行って、
あなたのみ前をのがれましょうか。……
わたしがあけぼのの翼をかって海のはてに住んでも、
あなたのみ手はその所でわたしを導き、

あなたの右のみ手はわたしをささえられます。（7、9～10：口語訳）

私たちがどこにいようと、神の御手の中にいるということが、恐れとなるか、平安となるかは、その人の神との関わりの中にあります。ヨナは嵐の中で悟ります、「神から逃走することはできない」と。彼は人々に海に放り込むようにと頼みます。しかし、神は彼のために、巨大な魚を用意しておられたのです。

［聖想　50］　呼ぶべき方　（マルコ4・35～41）

しかし、イエスは艫《とも》の方で枕をして眠っておられた。弟子たちはイエスを起こして、「先生、わたしたちがおぼれてもかまわないのですか」と言った。（38）

海の上で、激しい暴風に翻弄される船。海になれた水夫たちも色を失い、めいめい自分の神の名を呼び始めた。その中でただ一人、ヨナは船底で熟睡していました。大胆だったからでも、勇気があったからでもない。ただ、自分の危機を知らなかっただけです。今もまた、神から離れた危機を私たちは知らずに、かりそめの熟睡をむさぼっているのではないでしょうか。船長は眠っているヨナの姿に驚き、「寝ているとは何事か。さあ、起きてあなたの神を呼べ。神が気づいて助けてくれるかもしれない」（ヨナ書1・6）と言います。

ここにもう一人、海の上で嵐に翻弄される舟の中で、熟睡していた人がありました。主イエスです。その主イエスの姿に弟子たちは、ヨナに対する船長と同様の反応を示します。「先生、わたしたちがおぼれてもかまわないのですか」。ここは「滅んでも」とすべきです。主は起き上がって嵐を静め、弟子たちに「なぜ怖がるのか。まだ信じないのか」と言われます。

彼らはイエスを舟に乗せたまま漕ぎ出したのです。ここに主がおられるということは、主イエスが生きておられるなら、私たちも生きており、自分たちが死ぬ時は、主イエスも死なれる時ということになります。弟子たちにはそれが見えなくなっていたのです。私たちは教会も舟になぞらえられていることを思い起こすべきです。問題はそこに主イエスが乗っておられるかどうかということです。私はここに深い慰めを感じます。「お助けください」と呼びかけることのできる方を、弟子たちは持っていたということにです。

旧約聖書では、「呼ぶ」も、「叫ぶ」も、祈ることです。ヨナは船長から、「あなたの神を呼べ」と言われても、呼ばなかった、呼べなかったでしょう。彼は魚の腹の中に入ってから、神を呼んだのです。

呼ぶべき方があるということ、呼ぶべき方を持っているということは、何という深い慰めでしょう。

［聖想　51］

悪魔の誘惑（1）　（マタイ4・1）

さて、イエスは悪魔から誘惑を受けるため、"霊"に導かれて荒れ野に行かれた。（1）

主イエスがバプテスマのヨハネから洗礼を受けられ、神の子として、救い主として立たれることになりました。その最初の出来事が荒れ野における悪魔の誘惑であったことは、極めて象徴的です。主はこの洗礼において聖霊を注がれ、聖霊に満ちて帰られましたが、何と、この聖霊が、主を40日間も荒れ野を引きずり回し、悪魔の誘惑を受けるようにしたのです。このことはマタイもルカも同じです。これは神の御意志であることを示しています。

悪魔とは何者でしょう。悪魔については、無知であることと共に、過度の関心を持つことも危険なのですが、私たちは心して、必要なことだけは押えておきたいと思います。私たちは一方において、そんなもの、いるもんかとせせら笑ったり、一寸関心を引かれたりする反面、悪魔を神と対立する悪玉の首領のように思ったりします。しかし、神と対立する悪魔を首領とする悪の王国があり、この世はこの二大勢力の果てしない戦いの場であるという考えは、聖書の中にはありません。ただ、私たちを神から引き離そうとする悪魔的な力を、ひとつの人格的なものとして捉えてこそ、これと戦うことができることも事実です。

ここで、マタイでもルカでも悪魔、ディアボロスと訳されている言葉は、ヘブル語サタンのギリシャ語訳です（70人訳聖書、LXX）。もともと中傷者、告発者を意味する言葉で、神のことを人に悪く言い、人のことを神に告訴する者を表しています。そして旧約聖書では、悪魔を神に対立して働く力ではなく、神の支配下にある力として表されています。

主イエスはなぜ誘惑に遭われたのでしょうか。それはただひとつ、主イエスが神の独り子、救い主であられることと関わっています。主はどのような救い主であるべきかについて試みられたのです。私たちもまた、主をどのような救い主と見るべきかを問われているのです。

[聖想　52]　悪魔の誘惑（2）　（マルコ1・12〜13：口語訳）

それからすぐに、御霊がイエスを荒野に追いやった。イエスは四十日のあいだ荒野にいて、サタンの試みにあわれた。そして獣もそこにいたが、御使たちはイエスに仕えていた。（12〜13）

悪魔（マタイ4・1）と訳されている言葉は、ギリシャ語ではディアボロス、ヘブル語ではサタンです（前出）。ヨブ記の冒頭を見ると、ヨブは悪魔によって激しい試練に遭うのですが、それはあくまでも神の許可のもとに、その範囲内でなされています。

さて、主イエスは悪魔の試みに遭われました。これは神の意図によるものでした。実はギリシャ語では、試練も誘惑も同じ言葉なのです。ですから、誘惑でも間違いではありませんが、私は試みとしたいのです。そうでないとヤコブの手紙1章13節と矛盾するからです。「誘惑に遭うとき、だれも、『神に誘惑されている』と言ってはなりません。神は、悪の誘惑を受けるような方ではなく、また、御自分でも人を誘惑したりなさらないからです。」

しかしこのことは、試練が誘惑へのきっかけとなることを示しているのかもしれません。あらゆる試練の時は誘惑の時であり、あらゆる誘惑の時は試練の時でもあるのです。ですから、私は誘惑（試練）に負けることはないなどと自慢するのではなく、「我らを試み（誘惑）に遭わせず、悪より救い出したまえ」と謙虚に祈ることです。

悪魔の試練（誘惑）は私たちを神から引き離そうとするものですが、旧約の時代から、神が信仰者を試みることが知られていました。試みられるのは罪人ではなく、敬慶な者であり、正しい人なのです。その目的は神との交わりをより一層深めることであり、破壊することではありません。ですから詩編の中には、しばしば「わたしを試みてください」との祈りがなされています（17・3、26・2他）。ここでも「御使たちはイエスに仕えていた」が印象的です。

［聖想　53］　**悪魔の誘惑（3）**　（マタイ4・2〜4）

イエスはお答えになった。
「『人はパンだけで生きるものではない。
神の口から出る一つ一つの言葉で生きる』と書いてある。」（4）

主イエスの受けられた試みは、主イエスが神の子であることと関わっています。同時に、私たちがどのような救い主を求めるかにも関わっています。主は四十日の断食の後、空腹になられました。すると悪魔が来て、「神の子なら、これらの石がパンになるように命じたらどうだ」（3）と言います。

「人はパンだけで生きるものではない」との主の答えは、申命記8章3節からの引用です。神がイスラエル民族を試み、荒れ野で飢えさせ、毎日その日一日分のマナをもって養ったのは、神の言によって養われる以外に、神の言に対する信頼なしには、生きることはできないことを知らせるためであった、というあの箇所です。

人は言います、「だけど、パンなしには生きられない」と。主イエスも空腹の中でそのことを知っておられました。しかし、パンで満足する者は、神の言葉を求めようとはしません。ヨハネによる福音書は、五千人の人々をパン５つと魚２匹で養われた後、追いかけてきた人々に言われた言葉を記しています。「あなたがたがわたしを捜しているのは、しるしを見たからではなく、パンを食べて満腹したからだ。朽ちる食べ物のためではなく、いつまでもなくならないで、永遠の命に至る食べ物のために働きなさい。これこそ、人の子があなたがたに与える食べ物である。」（6・26〜27）

かつてはパンを石にした人たちがいました。今は石をパンにしているのではないでしょうか。金、学歴、地位、車、土地、家、そんなものが現実であって、神の言葉によって生きるという現実に対しての感性を失っているのではないでしょうか。それゆえに、感謝も感動もなく、生かされていることの喜びもなくなってしまったのです。

[聖想　54]　悪魔の誘惑（4）　（ルカ4・5〜8）

「この国々の一切の権力と繁栄とを与えよう。それはわたしに任されていて、これと思う人に与えることができるからだ。だから、もしわたしを拝むなら、みんなあなたのものになる」。（6〜7）

マタイ福音書とルカ福音書では、第二と第三の誘惑が入れ替わっています。ここではルカに従いました。ルカ福音書では「悪魔はイエスを高く引き上げ」ですが、マタイ福音書では「悪魔はイエスを非常に高い山に連れて行き」となっています。エリコのそばに「誘惑の山」と呼ばれる、高さ360ｍの山があります。「非常に高い」とは言い難いのですが、十字軍時代にそう定められたということです。山の中腹の崖にへばりつくように、ギリシャ正教会の修道院が建てられています。

一瞬のうちに世界のすべての国々を見せて、悪魔は言います、

「この国々の一切の権力と繁栄とを与えよう。」（6a）

それがどれほど大きな誘惑になるか、私たちが見聞きしているとおりです。それにしても、「それはわたしに任されていて、これと思う人に与えることができるからだ」（6b）とは、どういうことでしょう。神から任せられたとでもいうのでしょうか。これと思う人に与えることができるというのは、拡大解釈、越権行為ではないでしょうか。

ところがこの世には、すべては自分に任せられていると思い込んでいる人が多いのです。それを自分のものとして誇示したり、勝手に好きな人にあげていい気になっているのです。それを売るためなら、悪魔を拝むこと、悪魔に魂を売ることだってしかねないのです。しかし、神への無条件の信頼と、完全な服従なしには、すべては虚しいのです。神への信頼と服従のない時、私たちは少なくとも悪

魔に色目を使っているのです。
イエスは答えて言われます。
「『あなたの神である主を拝み、
ただ主に仕えよ』と書いてある。」（8）

［聖想　55］　**悪魔の誘惑（5）**　（ルカ4・9～12）

イエスは、「『あなたの神である主を試してはならない』と言われている」
とお答えになった。（12）

第三の悪魔の試みが、聖書の言葉をもってなされたということは、意味深いことです。引用されている言葉は詩編91編11～12節です。悪魔の試みは、信仰的、聖書的、教会的な言葉をもってなされることもあります。世の中には、人を試すようなことを言い、試すようなことをする人がおります。その人は何事についても信頼することができないのです。ここでは試みは人の心の奥深いところに触れています。しかし、信頼は試すことによって確かになることはありません。信頼は信頼することによってしか確かにならないのです。

主イエスはこれらの試みのすべてに、神の言によって勝利されました。試練、誘惑、いずれも巧妙になされます。もしそれが苦難をもたらすものであれば、「コリントの信徒への手紙一」が支えとなるでしょう。

あなたがたを襲った試練で、人間として耐えられないようなものはなかったはずです。神は真実な方です。あなたがたを耐えられないような試練に遭わせることはなさらず、試練と共に、それに耐えられるよう、逃れる道をも備えていてくださいます。（10・13）

しかし、苦難という形をとらない試練、誘惑こそ、恐るべきものです。それはあらゆる充足を目指し、権威と繁栄を約束し、安全の保証を与えます。こうした試練、誘惑に打ち勝つのには、神の言葉による以外にないのです。神の言葉だけが試練の時に耐える力を与え、誘惑の巧妙な罠を見破り、正しい道を示すと共に、誘惑の強い力に立ち向かう方法を示してくださるのです。そのためには、神の言葉の付け焼き刃ではだめなのです。

［聖想　56］　悪魔の誘惑（6）　（ルカ4・13）

悪魔はあらゆる誘惑を終えて、時が来るまでイエスを離れた。（13）

口語訳聖書では、「悪魔はあらゆる試みをしつくして、一時イエスを離れた」となっていましたので、悪魔がその後も再三再四、主イエスを襲ったことを思い起こさせます。新共同訳聖書ですと、イスカリオテのユダのことだけになってしまいます。原文に忠実には、新共同訳聖書の通りなのですが、悪魔は主イエスの最後に近い日、イスカリオテのユダに働きかけ、最後の晩餐の席上に姿を現しただけではありません。

フィリポ・カイザリアで受難の予告を始められた主イエスを、ペトロが脇へ引き寄せていさめ始めた時、主は「サタン、引き下がれ」と激しく叱責されたのです（マタイ16・23、マルコ8・33）。ただし、ルカはこのことを記していません。

また、高い山の上で主イエスの姿が変わり、モーセ、エリヤと共に語っておられるのを見て、ペトロが「ここに三人のために、小屋を三つ建てましょう」と言った時にも、主は十字架に向かうのを妨げる悪魔の姿を見られたのです。この時には、ペトロの言葉を打ち消すように、「これはわたしの愛する子、わたしの心に適う者。これに聞け」という声が雲の中から聞こえてきただけでした（マタイ17・5、マルコ9・7、ルカ9・35）。主の御生涯は試練と誘惑の御生涯でした。

その苦難はイザヤ書の苦難の僕《しもべ》の歌が示す通り、他者のため、いや、私たちのためのものでした。ヘブライ人への手紙の著者はこう言います。

「事実、御自身、試練を受けて苦しまれたからこそ、試練を受けている人たちを助けることがおできになるのです」。（2・18）

私たちのための苦難とは、私たちに代わって苦難を負ってくださるということ、苦難を通して私たちのためにとりなしてくださるということです。ですから、神の裁きとしての苦難、私たちを滅ぼす苦難という線は、消えてしまったのです。しかし誘惑ということは残っています。自分の弱さを知る私たちは、「試みに遭わせず、悪より救い出したまえ」と祈るのです。

[聖想 57]　命のパン　(ヨハネ6・52〜58)

はっきり言っておく。人の子の肉を食べ、その血を飲まなければ、
あなたたちのうちに命はない。(53)

私は、説教は難しいと思っています。まとめることの難しさもありますが、もっと別の難しさがあります。説教は分かりやすく、慰めや喜びを与えるべきものだと思っています。しかし説教は、時には厳しく、悔い改めの辛さを味合わせるものでなければなりません。従って聞く方々にとって、分からないものであることが起こるのです。なぜなら御言葉そのものがそうしたものであるからです。ですから分かりやすいことばかりを求めてもならず、すべての人に気に入ってもらえるような話ばかりをするわけに行かないのです。(『豊かな礼拝を願って　主の栄光へ向かう群れ』所収「説教」88頁以下参照)

主イエスの説教は分かりやすく、受け入れやすいものだったでしょうか。そう

ではありませんでした。ある人は喜んで受け入れましたが、ある人は拒否反応を起こし、ある人は何のことを言われているのか理解できなかったのです。そのことは知識や経験の豊かさにはよりませんでした。

話は6章の始めから続いています。人々はパンを求めます。しかし求めて欲しいのは命のパンです。そこで「わたしが天から降《くだ》って来た命のパンである」と言われるのです。この言葉は人々の間に激しい議論を引き起こしました。ここは聖餐式を連想させますが、ヨハネ福音書には、聖餐式の原形となる主の晩餐におけるパン裂きもぶどう酒の分配もないのです。ヨハネは、聖餐でキリストの肉を食べ、血を飲むことが現実化されているように、キリストの言葉を聞くことも観念的なことではなく、キリストの肉を食べるほどに現実的なことだと言っているのではないでしょうか。

ルターは、聖餐において、パンとぶどう酒が実質的にキリストの肉と血に変化するというカトリックの教義には反対しましたが、これを単なる象徴とすることにも反対しました。彼は「キリストの体を噛み裂くほどの切実さをもって、これにあずかるべきだ」としたのです。この理解は、ヨハネ福音書全体と相通じるものがあります。事実、神の言葉はそれを食べるというほどの切実さをもって味合う時、私たちに命を与え、私たちを生かすのです。

［聖想　58］　**主から離れ去る人**　（ヨハネ6・66～71）

シモン・ペトロが答えた。
「主よ、わたしたちはだれのところへ行きましょうか。
あなたは永遠の命の言葉を持っておられます。」（68）

今や、弟子たちの中からも、離れ去る人々が現れ始めました。このところで二つのことを教えられます。ひとつは、主イエスの弟子集団の中にもこういう弟子たちがいたということです。それは主イエスの洞察力のなさを意味するものではなく、キリストの共同体の現実を示しているものです。もうひとつには、どんな集団にも、鉄の団結などはないということです。ですから主は離れるに任せられるのです。

しかし、主が平然としておられたとは思われません。主は十二弟子に言われます、「あなたがたも離れて行きたいか」（67）。口語訳では「あなたがたも去ろうとするのか」と、いくらか客観的です。内村鑑三はこのところを、「汝らも去らんと欲せざるや」、「あなたがたも離れて行きたいと思わないのか」と読み、「離れて行きたいものは行け」という非常に強い意味に解釈したと言われます。しかし私はここに、主の、離れ行く者への深い悲しみが込められていると、思わないわけにはいかないのです。

ヨハネの手紙三に「自分の子供たちが真理に歩んでいると聞くほど、うれしいことはありません」（4）とあるのを見て深く心を打たれました。これこそ牧師冥利と言うべきでしょう。口語訳は「大きな喜びはない」と訳しています。ペトロがみんなを代表して答えます、「主よ、わたしたちはだれのところへ行きましょう。」しかし主は、最後に残った十二人、その中の一人は自分を裏切ることを御存知でした。残った十一人も主の十字架の前から逃亡してしまうのです。

人々が主を離れ去る理由はさまざまでも、基本は同じです。全く信仰上の理由で主を離れ去る人はいません。端的に言ってこの世を愛し、この世に属する自分を愛したのです。固く自我に閉じこもってそれを明け渡そうとしなかったのです。ユダはそうした私たちの代表なのです。主イエスの言葉に聴き従い、応答しなければ、私たちもいつしか主から離れ去る人となります。

［聖想　59］　王を立てる　（サムエル記上8・4〜22）

主はサムエルに言われた。「民があなたに言うままに、彼らの声に従うがよい。……ただし、彼らにはっきり警告し、彼らの上に君臨する王の権能を

教えておきなさい。」(7、9)

モーセの後継者ヨシュアに導かれたイスラエル民族は、約束されたカナンの地に入ってきました。しかし彼らは簡単にこの地を手にすることはできませんでした。先住民族と和戦《わせん》両様の接触を重ねながら生活していました。困難が起こる度に、神は士師と呼ばれる指導者を立てて導かれ、やがてサムエルが立てられました。彼は最後の士師であり、最初の預言者でした。

彼が老年になるに及んで、二つの問題が生じました。ひとつは地中海沿岸地方に住むペリシテ人の脅威が大きくなってきたこと、もうひとつはサムエルが後事を託そうとした二人の息子が、頼むに足りない人物だったのです。今までのようなあり方では駄目だ。イスラエルの長老たち全員がサムエルのもとに集まり、王を立ててほしいと頼みます。サムエルの目には悪と映りました。その時神がサムエルに言われたのがこの言葉です。

なぜか。王が立てられることはもはや避けられない、とすれば王は神の意志によるものであり、神がお召しになるものでなければならない、という認識があったのです。しかしこれと関連して、多くの危険が起こることも自覚されていました。こうしてサムエルは警告と王の権能を民に告げます。権能と訳された言葉は、口語訳では「ならわし」ですから、むしろ、王とはこういうものだということを述べたものです。

サムエルは12章にもう一度王について語ります。イスラエルでは政治的軍事的には王が民を支配するのですが、神に対しては王も民も共に神の言葉に聴き従うのです。つまり、神から王に乗り換えたのではなく、王の上に、王の王である、主なる神がおられるのです。これが聖書の、王、支配者についての基本的な理解です。そこから預言者の役割が重要なものとなります。政治的権力は必要です。しかしこのことは心に留めておきましょう。

[聖想　60]　神のものは神に　（マルコ12・13〜17）

イエスは言われた。

「皇帝のものは皇帝に、神のものは神に返しなさい。」

彼らは、イエスの答えに驚き入った。（17）


ここに登場するファリサイ派はいうまでもありませんが、ヘロデ派というのはヘロデ・アンティパスの支持グループというべきでしょうか。ヘロデ・アンティパスはローマに取り入ってガリラヤの領主となり、合わせてローマの委託を受けた徴税責任者でしたから、当然その支持者は皇帝への納税賛成者でした。従ってまったく対立するはずのファリサイ派が手を握ったのは、ただ主イエスを陥れる目的のためだけだったと言えましょう。ここでいう皇帝への税金とは人頭税のことでしょう。男子15才以上、女子14才以上、65才までのユダヤ人に課せられ、納入はデナリオン貨幣に限られ、それには皇帝の像と銘が刻まれていました。税の重さもさることながら、外国の支配への反感と共に、これはユダヤ人にとっては、十戒の第二戒「あなたは自分のために、刻んだ像を造ってはならない」（出エジプト記20・4：口語訳）に違反するものでした。

「税金を納めてはいけない」と言えば、ヘロデ派はローマへの反逆と訴えることができます。「納めてもよい」と言えば、多くのユダヤ人の感情を逆なですることになります。「皇帝のものは皇帝に、神のものは神に」という主の答えは驚くべきものでした。ユダヤ人はローマへの税金のほかに、神殿税を納めることを義務づけられていました。「あなたたちはそれぞれに、『皇帝のものは皇帝に』、『神のものは神に』と言っているのだから、その通りにしたらいいだろう」と解すると、主はまともに答えることを拒否されたことになります。しかし私は、主イエスはまともに答えられたと思います。

「皇帝のものは皇帝に」という言葉は、「神のものは神に」という言葉によって完全に支配されています。皇帝か、神か、というような捉え方は、聖書の中では決してなされません。主イエスは皇帝の権威をある意味で容認されると同時に、その限界をも示されたのです。私たちは、国家の権威も、私たちも、共に神に服すべきであることを銘記しましょう。

［聖想　61］　**新しく生きる**　（箴言19・1～29、**ガラテヤ2・11～21**）（注1・168頁）

人は律法の実行ではなく、
ただイエス・キリストへの信仰によって義とされる。（16）

パウロはファリサイ派でした。「律法の義については非のうちどころのない者」（フィリピ3・6）と言い切ることのできる人でした。そのパウロがどうしてキリストを信じるようになったのでしょうか。

「反省」の声に、猿が薬箱に手をついてうなだれるコマーシャルがありました。「反省だけなら、猿でもできる」というコマーシャルもありました。そうです。大事なことは反省だけでなく、新しく生きることです。それができないのです。生きているのは古い自分そのままだからです。

人は誰でも問題を持っています。「私には何も問題はありません」という人こそ問題です。自分の問題に気付くことが第一歩ですが、気付いただけでは反省の繰り返しに終わるだけです。神との距離はいよいよ遠くなるばかりです。

新しく生きることは、イエスを信じることによって起こります。イエスを信じ

61以降の「**太字の聖書箇所**」は引用聖句の該当聖書を示しています。

るとは、イエスに私の中で生きていただくことです。それだけが私たちを神と結び直してくださるのです。

［聖想　62］　主に委ねる　（箴言20・1～30、ガラテヤ3・1～14）

〝霊〟によって始めたのに、肉によって仕上げようとするのですか。（3）

律法によって義とされようというのは、自分の努力で神に受け入れられるようになろうということです。これでは自己信頼であって、神への信頼ではなく、ほんとうの信仰ではありません。

自分の力《ちから》でと力《りき》んでいる間は、霊―神のお力は働きません。イエスの救いを受けいれ、全面的な明け渡しをするところに、霊は働き始めてくださり、新しく生かされることが起こってきます。ところが私たちは、一度はお委ねした一切を、また自分に取りもどしてしまおうとするのです。

熱心な奉仕者、働き手の婦人がありました。ところがしだいに喜びがなくなってきたので、悩んだこの方は牧師に打ち明けました。牧師は尋ねます、

「最初からそうでしたか。」

「いいえ、最初は神さま、イエスさまのお恵みにお応えしようと、喜びでいっぱ

いでした。」

「では、どうしてもう一度そこから始めないのですか。」

彼女は気付きました。いつの間にか自分の努力になり、人への裁き心が生じていました。改めて主に委ね、喜びの奉仕をされました。

［聖想　63］　神の約束　（箴言21・1〜31　ガラテヤ3・15〜29）

あなたがたは皆、信仰により、キリスト・イエスに結ばれて神の子なのです。（26）


聖書全体が神の約束です。凝縮すれば、アブラハムに与えられたように、祝福と御国《みくに》を受け継ぐということです。神は一度立てられた約束を、変更されたり無効にされたりすることはありません。

約束をお立てになったのは、神おひとりですが、受け取り手がたくさんである場合、一人一人の同意が求められます。それが洗礼です。

約束は恵みですから、無条件、無差別です。従って自分の努力や正しさで、受け取る資格を得ようとすべきではありません。それでは恵みの約束ではなくなってしまいます。

「神の子にしていただきたいと努力していますが、まだ自信がありません」という人がありますが、努力して神の子になる、というのは幻想です。神は幻想を打ち砕かれます。律法によって義とされないというのはそのことです。そこで神は、イエスを信じて神の子とされる道を開かれました。洗礼を受ける時、イエスの時と同様、天からの声がひびいてきます。

「これはわたしの愛する子。」

［聖想　64］　キリストが形づくられる

（箴言22・1〜16　ガラテヤ4・1〜20）

キリストがあなたがたの内に形づくられるまで、(19)

確かに私たちは、神の独り子イエスのゆえに神の子とされました。神がそう呼んでくださり、私たちも「父よ」とお呼びするからです。

しかし、私たちの内には、ほんとうの神の子であられたイエスが形づくられていません。私も洗礼を受けて信仰の歩みを踏み出してから、ずいぶん成長したつもりでしたが、人から言われました、「お前洗礼を受けたというが、あまりよくならんな。」

神の子になるというのは、立派な欠点のない人になることではなく、私たちの内に生きてくださるイエスが透けて見えるようになることです。

聖書を読み、祈り、共同体の礼拝を守り、聖徒たちとの交わりをすることを、たゆみなくしていくと、いよいよ自分の罪が分かってきます。そうするといよいよイエスから離れられなくなり、いよいよ感謝と喜びが増し、恵みにお応えしたいという思いが強くなります。それが成長ということです。こうして私たちの内に、いつしか「キリストが形づくられる」に至るのです。

［聖想　65］

御言葉が導いてくださる

（詩編19・8～15、ローマ15・4～13、ヨハネ5・36～47、イザヤ書55・6～11）

そのように、わたしの口から出るわたしの言葉も
むなしくは、わたしのもとに戻らない。（11）

言葉はコミュニケーションの重要な手段です。ですから自分の考えをはっきりと、やさしく話すこと、話し合うことは大事なことです。しかしともすれば私たちは、次第に言葉でその場を支配しようとするようになり、聖書も教えようとするようになりました。そうすると、解釈することや理解することが重要になり、人々は間違った解釈や理解をしないことに心を用いるようになります。

御言葉から聴従することがなくなり、御言葉は力を失ってしまったのです。

初めて榎本保郎先生の教職アシュラムに出た時のことです。アシュラムでは、御言葉に聴き、祈ることに徹するので、教えない、解釈しない、説教しない、議論しない、というのが原則です。ところが教職たちの悲しさ、すぐ教え、解釈し、説教し、議論し始めます。

私が先生に「こんなことでいいのですか」と聞くと、先生はあっさり言われました、「そのうち御言葉が導いてくださいます。」まさにそのとおりでした。御言葉に聴従する姿勢があれば、御言葉は力をもって私たちの内に働いてくださいます。（山下萬里『豊かな礼拝を願って　主の栄光へ向かう群れ』所収「私とアシュラムとの出会い」参照）

［聖想　66］

キリストにある自由

（箴言22・17～23・12、ガラテヤ4・21～5・1）

この自由を得させるために、キリストはわたしたちを自由の身にしてくださったのです。（1）

自由とは、自分のしたいことをなし、したくないことを放っておくことではありません。それではこの世の秩序も調和もこわれてしまいます。私たちがなすべきことに取り組み始める時、私たちは自由になります。そのことをイエスは、愛という言葉で要約されました。

「ねばならぬ、などというのは、福音じゃない」

ある方が喝破《かっぱ》されました。たしかに愛が、ねばならぬであったら、私たちは愛があると言われても、愛に飢え渇き、愛の偽りに失望し、自分の愛の中にひそむエゴに絶望するでしょう。

すべてキリスト者の生活は、ねばならぬではなく、イエスによって与えられた、「そうしてよい」、「そうすることができる」、なのです。つまり、許可であり、自由なのです。恵みへの応答なのです。

ところが、解放されたはずの私たちが、いつの間にか「ねばならぬ」にとりつかれてしまうのです。そうすると、喜びがなくなるばかりか、他の人も「ねばならぬ」と縛ろうとしてしまいます。

［聖想　67］　**愛として働く信仰**　（箴言23・13〜35、**ガラテヤ5・2〜15**）

わずかなパン種が練り粉全体を膨らませるのです。（9）

割礼を受けなければ救われない、と主張する人々が教会の中にあらわれました。割礼はユダヤ人であることの印ですから、ユダヤ人でなければ救われない、ということになります。

割礼を洗礼と読みかえて、洗礼なんかなくても、という人がおりますが、それは洗礼も割礼も分かっていないからです。洗礼は、イエスの救いを受けいれることの告白であり、神が私たちを神の子としていてくださることの消えない印章です。しかし割礼には律法が伴っています。

小さなことのようですが、少しでも人間の努力や正しさを価値づけようという思いが起こると、やがて教会全体にそれが広がり、ガンバリ精神が支配するようになります。ガンバリからは、あと二つのバリが生まれてきます。キバリとイバリです。「愛の実践を伴う信仰こそ大切です。」（6）そのとおりですが、翻訳が少し気になります。それがガンバリ精神にならなければ幸いです。私はむしろ「愛を通して働く信仰」と訳したほうがいいように思います。口語訳は、「愛によって働く信仰」と訳しています。

［聖想　68］　霊の実を結ぶ　（箴言24・1〜22、ガラテヤ5・16〜26）

霊の結ぶ実は愛であり、
喜び、平和、寛容、親切、善意、誠実、柔和、節制です。（22〜23）

霊は私たちの中に働いて、豊かな実を結ばせます。自分の努力によっては実は結びません。「霊の導きに従って歩みなさい」とあるとおりです。霊の導きに従うとは、イエスに結びつくことを意味します。ヨハネによる福音書が示すとおりです。「わたしはぶどうの木、あなたがたはその枝である。人がわたしにつながっており、わたしもその人につながっておれば、その人は豊かに実を結ぶ。わたしを離れては、あなたがたは何もできないからである。」(15・5)

自己実現というのは、とても魅力的な言葉です。ですから、「自己成長セミナーに参加してみませんか」という誘いにすぐ乗ってしまいます。しかし決して実を結びません。それは肉の思いですから。にもかかわらず、私たちの心には絶えず肉の思いが起こってきます。それを断ち切るのは、イエスに結びつくことにおいてです。

霊の実を結ぶのは、イエスによって、聖霊の働きによってです。私たちの努力ではありません。霊の実を結ぶには時間がかかります。そしてそれは多くの場合、人知れず、自分も気付かぬうちに進行します。ですから、自分で自分の信仰を調べてみて「まだダメ」などというのはやめましょう。そして霊の実はいつか必ず姿を現さずにはいません。

［聖想　69］　**二つの重荷**　(箴言24・23〜34、ガラテヤ6・1〜10)

互いに重荷を担いなさい。(2)

めいめいが、自分の重荷を担うべきです。（5）

ある人がこのところを読んで言いました、「冗談じゃない。自分の重荷を負うだけで精一杯なのに、他人の重荷まで負えるかい。甘ったれるな。」同感する人もあるのではないでしょうか。

ところで、2節の「重荷」と、5節の「重荷」とは言葉が違います。2節のほうは罪の重荷です。5節のほうは、各自がそれぞれ自分で責任を負うべき課題、といったらいいでしょうか。イエスがマタイによる福音書11章30節で「わたしの荷は軽いからである」と言われたのと同じ言葉です。

一方的に重荷を負わせる人と重荷を負う人とが決まっているわけではありません。他の人の重荷を負うと共に、他の人に重荷を負ってもらうことが必要となります。この必要を感じないで、一方的に自分が他の人の重荷を負うていると思っている人は、本当は自分をあざむいており、他の人に一層の重荷を負わせています。他の人の重荷を負う人は、他の人が私の重荷を負うてくれることに信頼することを許され、自分の重荷を負うことを可能とされます。

［聖想　70］　**消えない印章**　（箴言25・1～28、ガラテヤ6・11～18）

わたしは、イエスの焼き印を身に受けているのです。（17）

もう二十数年前のことです。数人の教会の人々と共に、光明園家族教会（岡山県長島にあるハンセン病療養所の教会）を訪ねました。共に礼拝を守り、私は説教台に立ちました。その時目に飛び込んで来たのは、「年間標語　イエスの焼き印」の文字でした。私の胸は感動で震えました。目の前に座っておられる方の中には、あるいは指などが変形し、また目が見えなくなった方もおられます。身に帯びておられる病気の痕跡《こんせき》を、「イエスの焼き印」と見ておられるのでしょうか。礼拝後、車座になってお茶を頂きながら懇談した方々の、何と明るいこと。

かつて奴隷《どれい》は、所有者の焼き印を押されました。パウロは自分がイエスの僕《しもべ》（奴隷）だということを誇りとしていました。ひとたびイエスが、「これは私のものだ」と宣言されたら、変更されることも破棄されることもありません。

私たちが洗礼を受けた時、イエスは「これは私のものだ」と宣言されました。ですから古くから洗礼のことを「消えない印章」と呼びました。

［聖想　71］**変わる**　（箴言26・1〜28、**フィリピ1・1〜14**）

キリスト・イエスの日までに、その業を成し遂げてくださると、
わたしは確信しています。（6）

私たちは、あのことを変えてください、この人を変えてくださいと願います。しかしあったことをなかったことにはできませんし、人を変えることもできません。とすれば、変わらねばならないのは私自身です。そう気付く時、問題は解決しているのです。

しかし、その私が変わらないのです。自分にも他の人にもできません。ただ聖霊だけが、私たちを新しく造るという業を、私たちの中に始めてくださいます。洗礼を受けるということは、その始まりです。洗礼によって変えられるのではなく、洗礼は変えられていくことの始まりなのです。

私たちは自分を振りかえるたびに、古い生を引きずっている自分、ちっとも変わらない自分を見い出してがっかりします。

「死に定められたこの体から、だれがわたしを救ってくれるでしょうか」(ローマ7・24)と呻《うめ》きます。

しかし、神が始めてくださった業は、イエスの日までに成し遂げられます。そうです。この私の救いの業も、世界の救いの業もです。私たちはそのことを確信して励みましょう。

［聖想　72］

究極の出エジプト

（詩編126・1～6、コリント一4・1～5、ヨハネ1・19～27、イザヤ書40・1～11）

良い知らせをエルサレムに伝える者よ。声をあげよ、恐れるな。（9）

ヘンデルの《メサイア》、冒頭のレチタティーヴォ（叙唱）が、私は好きです。序曲が終わってテノールが「慰めよ、慰めよ、わが民を」と歌い出すと、心が熱くなるのです。

バビロン捕囚がもう六〇年にもなろうとする頃、第二イザヤと呼ばれる無名の預言者は、祖国帰還の近いことを示されて、希望を失っている民に預言を始めます。彼は、谷を渡り、山を越え、荒れ野を進む民の群れの幻を見ていました。それは約束の地を目指す第二の出エジプトのようでした。その時彼は自分を荒れ野で呼ばわる声と見ていたのでしょう。

最初のキリスト者たちは、バプテスマのヨハネの中に先駆者としての荒れ野の声を見ました。そしてイエスはまことの羊飼いとして、群れを導き御国《みくに》をさして進まれます。それは究極の出エジプトです。私たちは導かれる者であると共に、先駆者の役目も担います。勝利は約束されています。「声をあげよ、恐れるな。」

『讃美歌』一六一は歌います、

「シオンの民よ、いつまで　汝《な》がこうべを垂《た》るるか」

［聖想　73］　信仰の成長　（箴言27・1〜27、フィリピ1・15〜30）

ひたすらキリストの福音にふさわしい生活を送りなさい。（27）

信仰の成長について、キリスト者が陥りやすい二つの誤解があります。ひとつは信仰の成長を、キリスト教についての、あるいは聖書についての理解が増すことだとすることです。そのために聖書を研究し、神学書を読みます。それはよいことではありますが、人は知的になると高慢になり、角《つの》がはえます。もうひとつは信仰の成長を、正しい立派な人間になることだとすることです。そこには優越感と劣等感、独善と偽善、そして裁き心が出てきます。

しかし信仰の成長とは、聖書の理解が増すことでも、立派な人になることでもありません。御言葉が自分の生活の中に生きて働くようにすることです。そのことをパウロは、「キリストの福音にふさわしい生活を送りなさい」（27）と言い表しました。

矢内原忠雄の「一日と永遠」の中にこうあります。

　われらの一日は永遠の中にあり、また一日の中に永遠がある。
　永遠に生きる者の生涯は、怠ることなく、急ぐこともない。
　勇敢に戦い、平安にいこいて、臆することなく、窮することもない。

夜は疲れても、朝には力を新にせられ、
土曜日には傷ついても、日曜日にはよみがえる。
ああ楽しいかな、イエスを信ずる者の生涯、
それは永遠に生きる者の、
屈託するところなき、
歓喜と希望の生涯である。

（『嘉信』一九四八年3月号所収）

［聖想　74］　**ほんとうの希望**　（箴言28・1～28、**フィリピ2・1～18**）

世にあって星のように輝き、命の言葉をしっかり保つでしょう。（15～16）

英国の画家ラウリーに、「希望」と題する作品があります。全体に暗い画面の中央、沈み行く地球の上に、ひとりの少女が目かくしをされて縛られ、鎖で地球につながれて座っています。手にした竪琴《たてごと》の糸は切れ、一本を残すのみ。それはまるで今日の世界と私たちの実情を表しているよう。画面の右上の隅に、小さな星がかすかな輝きを見せています。少女の目には見えなくとも、それゆえラウリーはこの絵を「希望」と名づけたのです。

私たちは希望を、自分の可能性の延長線上に置きます。この希望はいつか絶え

ます。ほんとうの希望は神から来ます。私たちの内に働き、望ませ、行わせるのは神であり、達成させてくださるのも神だからです。希望は耐え忍んで行動し、生きさせます。

この時私たちは世の星とされます。「あなたがたは世の光である」と言われたのはイエスでした。少しでも私たちが輝くことができるなら、それは私たちの中に宿っている命の言葉のゆえです。そしてこの世の人々は、そこに希望を見い出すのです。

［聖想　75］　教会の宣教力　（箴言29・1〜27、フィリピ2・19〜30）

主に結ばれている者として大いに歓迎してください。そして、彼のような人々を敬いなさい。（29）

パウロとフィリピの信徒たちとの間には、深い、そして喜びに満ちた心の交流がありました。それはおそらく、霊による交わりと言っていいでしょう。霊による交わりの特徴は、愛、喜び、心を合わせること、互いに思いやることです。

「キリスト者たちが救われていると言うのなら、彼らは救われているらしく見えねばならないのだが」と皮肉っぽく言ったのは、ニーチェでした。私は教会の中に、霊による交わりが満ちていることが、その教会の宣教力だと考えています。

明るい、温かい教会は栄えます。もちろんそれが人為的なものであるはずはなく、福音がもたらすものであることは、この手紙が示すところです。

牧師が信徒を尊敬し、信頼する教会は栄えます。

信徒が牧師を尊敬する教会は栄えます。尊敬されたかったら、尊敬されるようになれ、ということではありません。尊敬すれば、尊敬されるようになっていくのです。心を合わせ、互いに思いやれば、尊敬はいや増すのです。

［聖想　76］目標を目指して走る　（箴言30・1〜33、フィリピ3・1〜16）

なすべきことはただ一つ……目標を目指してひたすら走ることです。（13〜14）

マラソンの映画がありました。ひとりの女性が夫や子供たちの声援を受けて競技に参加します。ところが体調が悪くなり、何度も休み、しだいに遅れます。ゴールでは次々人々が入って来ますが、彼女の姿は現れません。あたりは暗くなり、係の人は片付け始めました。アッ、やっと姿が見えました。ふらふらと何度も倒れます。家族は懸命に励ましますが、助けることができません。助けると失格となるからです。彼女は倒れては起き上がり、よろめくようにゴールインします。みんなで抱きかかえるラストシーンが印象的でした。

信仰生活はマラソンのようなものです。「終わりまで」が大事です。どんなにすばらしい働きをしても、途中で放棄しては何もなりません。

ただ私たちには希望があります。神は私たちに「賞」（14）を与えようとしておられ、イエスは私たちを捕らえておいでになります。なすべきことはただ一つ、目標を目指して走ること。たとえどんなに遅々としたものであっても、おぼつかない歩みであっても。

［聖想　77］　喜びと感謝　（箴言31・1～9、フィリピ3・17～4・9）

主において常に喜びなさい。重ねて言います。喜びなさい。（4・4）

キリスト者の特徴は喜びと感謝です。ここには喜びしか書いてありませんが、パウロは別のところに「いつも喜んでいなさい。絶えず祈りなさい。どんなことにも感謝しなさい」（テサロニケ一5・16～18）と言っています。喜びは感謝として表現されるのですから、まず「主よ、感謝します」と言うことです。そうすると喜びが満ちてきます。

小説『パレアナ』（またはポリアンナ）の中で、少女パレアナが父に教えられたとおり、喜びのゲームをするところが出てきます。どんなことの中でも喜びを見い出すその明るさが、人々を明るくします。ほんとうの喜びは、自分の心の中にあるだけでなく、つまり独りよがりでなく、伝染性を持っています。

しかし「常に喜ぶ」ことは、各自が持っている人生観の枠が変えられなければできません。人は誰でも、親から譲り受け、今までの歩みの中で形造られた枠があり、そのとおりに生きています。それが変えられなければ、「こんな中で喜んでいられるか」となります。それを変えるのは、「主において」です。

［聖想　78］　**喜びと感謝の心**　（箴言31・10〜31、**フィリピ4・10〜23**）

わたしを強めてくださる方のお陰で、わたしにはすべてが可能です。（13）

一文銭の教え、ご存知でしょうか。まん中の四角い穴を口に見立て、上下左右に漢字の一部を描き、合わせて吾唯足知、〈われただたるをしる〉と読みます。しかしパウロの心境はもっと積極的で自由です。

たしかに不足を感じ、もっともっという欲望から、社会の進歩は起こってくるのですが、人間の問題は、自分の置かれている境遇を受け入れるところから、解決の糸口が始まります。ですから「わたしにはすべてが可能です」というのは、境遇に甘んじることでも、気負い立った思いでもなく、喜びと感謝の心です。

それにしてもフィリピの人たちの志は、何とすばらしいことでしょう。おそらくパウロと同じような思いだったのでしょう。コリントの信徒への手紙二にある「満ち満ちた喜びと極度の貧しさがあふれ出て、人に惜しまず施す豊かさとなった」（8・2）とあるのは、フィリピ教会のことのようです。

献げものは益となる豊かな実を結びます。苦しみを共にしている思いと、必要なものは満たしてくださるという確信です。

［聖想　79］　エッサイの子

（詩編45・11～18、コリント一1・26～31、ルカ1・26～38、**イザヤ書11・1～9**）

エッサイの株からひとつの芽が萌えいで
その根からひとつの若枝が育ち
その上に主の霊がとどまる。（1～2）

今日の聖書の個所は、メシア預言として有名なところです。ある翻訳者はこの区切りを、10章33節から始めています。

見よ、万軍の主なる神は
斧をもって、枝を切り落とされる。
そびえ立つ木も切り倒され、高い木も倒される。

切り株ばかりになった時、それは全く絶望的な状況を意味します。イザヤはやがてユダ王国を神の裁きが襲うことを知っていました。

しかし、裁きが神の最後の言葉ではありません。神は絶望の中から、新しい芽を生えさせせられます。イザヤはダビデと言わずに、エッサイと言います。エッサイは羊飼いにすぎず、エッサイの子という言い方には、軽蔑の意味が込められていました。

取るに足りぬ家系からダビデが呼び出されたように、その家系の絶望的な切り株から、新しい若枝が萌《も》え出《いで》る。「油注がれる」とは、主の霊が留《とど》まることの象徴です。メシア（油注がれた者）の誕生。神の御業《みわざ》は何と不思議なことでしょう。

［聖想　80］　**救いの約束**　（ルツ記1・1～19a、**ルカ1・1～25**）

時が来れば実現するわたしの言葉（20）

聖書は一書です。旧約書、新約書それぞれにいくつかの文書で成り立っているので、聖書はその合本と考えられやすいのですが、そうではありません。一貫して神の救いの約束、実現の歴史なのです。ですから旧約書と新約書とはつながっているのです。

聖書全体を推理小説にたとえると、筋の運びに必要な出来事は旧約の中に出てきますが、解決は新約に現われます。推理小説は前半だけでは面白くありませんが、結末だけ読む人もいないのです。

旧約の中にある約束は、新約において実現します。ルカ福音書はその認識の上に書かれています。旧約の最後、マラキ書3章23～24節と、ルカによる福音書1章16～17節を読みくらべてください。ルカは、すべては神の救いの歴史の中にあると示そうとします。

ザカリアは信じ得ませんでしたが、この言葉は私たちへのものでもあります。旧約の約束の実現は、イエスにおいて与えられる新しい救いの約束だからです。やがて来りたもうイエス・キリストにおいて実現する救いの約束を、堅く信じましょう。

［聖想　81］　**「はい」**　（ルツ記1・19b～2・12、**ルカ1・26～38**）

お言葉どおり、この身に成りますように、（38）

クリスマス・ページェントでは、マリアは主役です。そして多くの画家が受胎告知の絵を美しく描きました。しかし果たしてそうだったのでしょうか。

マリアが何歳くらいだったのかは分かりません。ヨセフのいいなずけではあったが、まだ一緒になっていなかったというのですから、二〇歳に満たなかったのではないでしょうか。そんな乙女が「身ごもって男の子を産む」と言われて、動揺しないわけはありません。「どうして、そのようなことがありえましょう」と言うマリアの言葉には、驚きと共に拒否の響きがあります。

生涯を決定する出来事があります。それは決して驚天動地の事件としてだけ現われてはきません。日常生活の中に響いてくる「私の言うとおりにしてほしい」という主の細い声です。マリアは一切を委《ゆだ》ねて、「はい」と答えました。

主は私たちの「はい」を求めておられます。その「はい」が今日からの歩みを決定します。マリアの心を思いつつ、「はい」と言わせていただきましょう。

［聖想　82］　**マリアの賛歌**　（ルツ記2・13～23、**ルカ1・39～56**）

身分の低い、この主のはしためにも目を留めてくださったからです。（48）

しばらくの間、美しい「マリアの賛歌」を口ずさみました。そしてルターの「マリアの賛歌」を思い出しました。彼は書いています。「マリアは限りなく謙遜《けんそん》であった。しかしマリアは自分が謙遜であるとは知らなかった。もし知っていたら、彼女は限りなく傲慢《ごうまん》になっていたであろう」。

つい先頃、私はかにた婦人の村で、深津文雄先生*からもうひとりの『マリヤの讃歌』（日本キリスト教団出版局）の作者城田すず子さんの消息を聞きました。彼女こそ「かにた村」の始まりなのですが、日本版従軍慰安婦でした。南方の島に行っていた彼女は、韓国人・朝鮮人女性の最期を思うと、心苦しみ、夢にうなされるのです。深津先生は彼女のため、またすべての従軍慰安婦のために、「かにた」の丘の上に鎮魂碑を建てられました。丘の上に足を運び、「鳴呼、従軍慰安婦」と記された碑を仰ぎ見る時、彼女たちの受けた苦しみが偲《しの》ばれ、「ごめんなさい」という思いに頭《かしら》うなだれるのです。主は彼女たちをも目に留めていてくださるでしょう。

（＊この本文は１９９３年12月号に掲載当時です。）

［聖想　83］　名前をつける　（ルツ記３・１～18、**ルカ１・57～66**）

聞いた人々は皆これを心に留め、
「いったい、この子はどんな人になるのだろうか」と言った。（66ａ）

子供の名前をつける時、親はいろいろ考えます。ですから子供の名前に、親は自分の思いを託すのです。私の祖父は幼名、又五郎でした。兄が五郎だったからです。弟は又々五郎になるはずでしたが、曽祖父《そうそふ》はその前に入信したので、彼は主一郎と名付けられました。

ヨハネの名前は神から与えられました。「神は恵み深い」という意味です。そんな名前は先例にない（61）というのが、親戚の反対の理由でしたが、口のきけない父親ザカリアは「書く板」（63）を求めて、母親の意志を支持します。人々はこの子の上に主の力が及んでいるのを見て恐れ、また心に留め、「この子はどんな人になるのだろうか」と言いました。

「この子には主の力が及んでいた」（66b）は、原文では「主の手が彼と共にあった」です。主の手が彼と共にあるなら、彼がどんな人になるか、私たちは決めることができません。先例や常識で縛るわけにはいかないのです。心に留め、祈るばかりです。これはどの子供についても同じです。

［聖想　84］　**祝福の契約**　（ルツ記4・1～10、ルカ1・67～80）

主は我らの先祖を憐れみ、その聖なる契約を覚えていてくださる。（72）

旧約には三つの契約があります。

第一はアブラハムに与えられた契約です。ある人は創世記17章の契約を重視しますが、それに先立つ12章の契約のほうがより基本的です。

第二はシナイ山においてモーセを通して与えられた契約で、出エジプト記19章にあります。この契約は律法を伴っています。

第三はダビデに与えられた契約で、ダビデ王朝の不滅を約束するものです。サムエル記下7章に出てきます。

ユダヤ人は長く第二の契約、というよりも律法を第一に据えてきましたが、ここには出てきません。第三の契約は救いの角《つの》がダビデの家から起こされるという点において、触れられるだけです。中心におかれたアブラハムへの契約は、

わたしはあなたを大いなる国民にし
あなたを祝福し、あなたの名を高める
祝福の源となるように。……
地上の氏族はすべて
あなたによって祝福に入る。（12・2〜3）

ということです。神の契約は基本的に祝福にあります。そのためにイスラエル民族が選ばれ、イスラエル民族がその任を果たせなくなった時、神はイエスを遣わされました。ヨハネはそれに先立ち行きます。

［聖想　85］　御心《みこころ》に適う人

（詩編85・1～14、ミカ書5・1～3、テトス2・11～15、ルカ2・1～20）

いと高きところには栄光、神にあれ、
地には平和、御心《みこころ》に適《かな》う人にあれ。（14）

少年院でクリスマス・キャンドル・サービスを守っていた時です。「きよしこの夜」を歌い、イエスが私たちのところに来てくださったとメッセージを述べたあと、ろうそくを持って円形に並んでいる少年少女たちのところへ行き、ひとりひとりに手をさし延べ、「シャローム。主があなたと共《イ》に《ン》お《マ》ら《ヌ》れ《エ》ま《ル》すように」と言いました。冷たい手、暖かい手、湿った手、力のない手、強く握りかえす手。目をのぞき込むと、おどおどした目、悲しそうな目、恥ずかしそうな目、反抗的な目。

その時、私にはハッと分かりました。御心に適う人とはどんな人のことだろう。どんな人が御心に適うのだろうか、と思っていたのですが、イエスはこの人たちのところに来られたのだ、御心に適う人とは、イエスが心を向けられる人たちのことなのだ、この人たちこそ、神のシャローム（平和）を与えられるべき人たちなのだ、と分かったのです。私の胸は熱くなりました。それから私はクリスマスを、今までとは違った思いで祝うようになりました。

［聖想　86］　東方の占星術の学者たち

（詩編72・1〜7、イザヤ書60・1〜7、ヘブライ1・1〜4、マタイ2・1〜12）

わたしたちは東方でその方の星を見たので、拝みに来たのです。（2）

イエスの誕生物語に、突然東方の占星術の学者たちが登場するのはなぜでしょう。旧約の中で彼らはとても評判が悪いのです。申命記ははっきりと星占いをしてはならないと禁じていますし（18・9〜14）、第二イザヤは占星術は無益だと言うのです（47・13〜15）。

皮肉なものです。聖書に精通しているはずの祭司やラビたちが、新しいユダヤ人の王の誕生に全然気付かなかったのに、神のことなど分かるはずはないと言われていた占星術の学者たちが知っていたなんて。まるでいみ嫌われていた占星術も、意味があるのだと言わんばかりです。

彼らは星が運命を司《つかさど》っていると考えていました。しかし本当は神がすべてを司っておられ、今や独り子イエスをあらゆるものの上におかれ、すべてのものがイエスの前にひざをかがめるようになったのです。占星術の学者たちが持って来たのは財宝だったか、占星術に用いる道具だったか、それは分かりません。それらの一切を献げることは、すべてをあげてイエスに従うことの表明です。

［聖想　87］　**成就の時**　（ルツ記4・11〜22、**ルカ2・21〜32**）

わたしはこの目であなたの救いを見たからです。(30)

二〇〇年程前、ベンジャミン・フランクリンが、初めて雷雨の最中に凧《たこ》をあげ、地上に電気を導きました。彼は雷の電気は、猫の毛をこすってできる電気と同じものだということを証明したのです。友人たちの中には、「そんなことをして何の役に立つか」と言う者もいました。彼は答えて言いました、「赤ん坊は何の役に立ちますか」。

羊飼いたちが見たのは、布にくるまって飼い葉桶《おけ》の中に寝ている乳飲み子でした。シメオンが見たのは、貧しい若い両親に抱かれて来た幼な子でした。「赤ん坊は何の役に立ちますか。」しかしそこに彼らは、聖書の預言の成就を見たのです。

待望の時は終わり、成就の時は始まりました。この短い箇所には、いっぱい旧約の預言が詰まっています。今始まる、全世界のものである救いは、あらゆる点において古い預言の成就です。そうです、成就の時は始まったのです。ザカリアはこの目でそれを見ました。私たちも、見ようともしないで、見えないなどと言わずに、見る目を与えていただきましょう。

［聖想　88］　信仰の試金石　（ハバクク書１・１〜17、ルカ２・33〜38）

名くの人の心にある思いがあらわにされるためです。（35）

シメオンの祝福は、29〜32節とは打って変わって、まるで呪《のろ》いの言葉のようです。「マリアの賛歌」の中で歌われていたのも、いっさいの価値の逆転という革命的なことでしたが、それが当時の人々にとって（いや、今の人々にとっても）受け入れ難いものであることが、シメオンには分かっていました。

イエスが来られることによって、人の思いがあらわになるということは、その人その人の神との関係がどういうものか、明らかになることです。イエスを拒むことは、神を拒むことなのです。

パウロが後に、ユダヤ人たちについて、「彼らは神に熱心に仕えているが、それは自分の義を立てようとして、神の義に従わないことだ」（ローマ10・２〜３）と言っているのはそのことです。熱心さ、敬虔さの陰にひそむ神への不従順の思い。それはまた私たち自身の思いでもあります。

イエスと私たちとのつながり。それが信仰の試金石です。そこで、自我の業としての信仰か、神の恵みの業としての信仰かが表れるのです。

［聖想　89］　父の業をする　（ハバクク書2・1〜8、ルカ2・39〜52）

わたしが自分の父の家にいるのは当たり前だということを、知らなかったのですか。(49)

12歳という年齢は、ユダヤ人の男の子にとって特別な意味を持っています。この時から彼らは「律法の子」と呼ばれ、律法に対して責任を持つ一人前の男子として取り扱われるのです。ですからこの時の都上りは、イエスにとって特別なものでした。

そしてイエスは、一人前の男子として行動されました。ひとりエルサレムにとどまり、学者たちと問答し、心配して捜しに来た両親に言われます。

「どうして私を捜したのですか。私が自分の父の家にいるのは当たり前です。」

これはイエスの自立宣言です。イエスは両親の権威のもとにはもういない、と言われます。私たちも私たちの子供も、いつかそうした時を経験します。不幸なことに、この自立はしばしば反抗という形を取ります。しかしイエスの自立が、神を父とし、より大きな真の権威に服するものであったことに注目しましょう。

「父の家にいる」という言葉は、「父の業をする」とも訳すことができます。それでナザレで両親に仕えられたのです。それ

［聖想　90］　堅く立つ　（ハバクク書2・9〜20、ユダ1〜16）

聖なる者たちに一度伝えられた信仰のために戦うことを、
勧めなければならないと思った。（3）

ある先生と異端について話していました。私自身は異端という言葉はあまりつかいたくないのですが、統一協会とか、ものみの塔を思い浮かべます。しかし彼は、「今、教会に入ってきている異端が問題だよ」と言いました。それがこのユダの手紙のテーマなのです。

ところでこの手紙は不思議な手紙です。新共同訳聖書には続編のついているものがありますが、それ以外にも「偽典」と呼ばれるものがあります。この手紙には、「偽典」に含まれる『モーセの昇天』、『エノク書』などとのつながりが見られます。

異端が何なのかはよく分からないのですが、自由を放埒《ほうらつ》に、恵みをみだらな楽しみに変え、共同生活を破壊し、分争を引き起こしていたのです。しかもこうした人々は、教会の中で重んじられる立場にいたということです。

しかし何といってもポイントは、イエス・キリストの否定です。これはあらゆる異端について言うことができます。私たちはこの点に堅く、また明確に立ちましょう。伝えられたのはキリストですから。

〔聖想　91〕　三つの基礎　（ハバクク書3・1～19、ユダ17～25）

愛する人たち、
あなたがたは最も聖なる信仰をよりどころとして生活しなさい。⑳

この年も今日で終わります。新しい年を迎える前に、この年の恵みを数えてみましょう。大変な年だった方もありましょうが、恵みもあったはずです。そして「主よ、感謝いたします」と言いましょう。いかに神が恵み深い方であるか、どんなに私を愛してくださったかが分かったら、反省と悔い改めです。しかし自分を責めることはやめましょう。すべてを主に明け渡すことです。最後は、主が私に何を求めておられるかを知ることです。そして新しい年への祈りに向かいます。

ユダの手紙は信仰生活の三つの基礎をあげています。

第1は、聖霊の導きによる祈りです。聖霊は肉の思いを封じるからです。それはまた約束を受ける祈りでもあります。

第2は、神の愛によって自分を守ることです。神の愛から引き離すものは何もないと信じ、神の愛の中に生きることです。

第3は、キリストを待ち望むことです。

クリスマスで待降節は終わってしまったのではありません。そこから始まるのは、主の再び来られるのを待ち望み、備える歩みです。

［聖想　92］　安息日の主　（創世記22・1～24、マタイ12・1～14）

人の子は安息日の主なのである。（8）


ユダヤ人にとって安息日は、もちろん神に仕える日ではありましたが、端的に言って仕事をしてはならない日でした。仕事とは何か。彼らは39の項目に仕事を分類し、それをさらに細分して定義づけ、膨大《ぼうだい》な規定を作りました。それに照らせば弟子たちの行為は安息日規定違反だったのです。

私たちにはばかばかしく思えますが、あなたにとって安息日は何ですか。礼拝に行かねばならぬ日？　教会での奉仕をする日？　たしかに安息日は神が与えてくださった休みの日ではありますが、それよりも神の天地創造の完成の日であり、神の御業の完成、究極の安息のしるしなのです。エゼキエルは「これは、わたしと彼らとの間のしるしとなり、わたしが彼らを聖別する主であることを、彼らが知るためであった」（20・12）と言います。

神の御業《わざ》を信じて待ち望む者は、安息日を神の御旨《むね》に生き、安息日のしるしのもとに一週間を置きます。今それをなし遂げるためにイエス・キリストは来られました。ですからイエスは安息日の主なのです。私たちは主において神に仕えます。

〔聖想　93〕　神の霊の働き　（創世記23・1〜20、マタイ12・15〜32）

わたしが神の霊で悪霊を追い出しているのであれば、神の国はあなたたちのところに来ているのだ。（28）

主イエスの時代の人々は、この世には悪霊《あくれい》が満ちていて、人々を捕らえていると見、従って神の霊の働きをさまざまな場面に見ていました。

それは今も同じではないでしょうか。私たちはオカルトのような異常さだけを見ているので、悪霊を見誤り、その結果神の霊の働きを見失っているのではないでしょうか。

「白を黒と言いくるめる」と言います。ある宗教に入信すると、その人は次第に白を黒と言いくるめるようになります。私はそこに悪霊の働きを見ます。それを追い出すには神の霊を必要とします。ファリサイ派の人々が主イエスの働きを、「ベルゼブルの力によるのだ」と言った時、彼らは神の霊の働きを見誤ったのです。彼らは物事に対して批判的だったのでしょう。批判精神はある場合には必要ですが、しばしば神の霊が悪霊を追い出しているのを素直に認めないので、神の国が今ここに来ていることを見失ってしまいます。よく見まわして見てください。さまざまな形で神の国があなたのところに来ています。

［聖想　94］　快い言葉　（創世記24・1～14、マタイ12・33～50）

あなたは、自分の言葉によって義とされ、
また、自分の言葉によって罪ある者とされる。（37）

よく「心にもないことを言ってしまって」と言いますが、私は、意識的にもせよ、無意識的にもせよ心にあるから人は言うのだ、と思っています。

ところで言葉はコミュニケーションの手段であるだけでなく、相手に対して何かを与えるものです。私たちの心がプラスであれば、相手にもプラスのエネルギーを与え、マイナスであればマイナスのエネルギーを与えることになります。つまり自分の心がプラスでなければ、相手にとってプラスのエネルギーを発することはできないのです。
自分の話したつまらない言葉についてもすべて責任を問われるとは、厳し過ぎるようですが、言葉があるいは傷つけ、あるいは生かすことを思えば、当然のことでしょう。ですから、コロサイの信徒への手紙4章6節はこう記しています。

いつも、塩で味付けされた快《こころよ》い言葉で語りなさい。

ところで、私たちがプラスの心を持つことは、ちょっと気分を変えることによって可能となることではありません。それこそキリストが私の心に満ちてくださることによってです。

〔聖想　95〕

聞いて信じた

（詩編49・1〜8、列王記下4・1〜7、テサロニケ一2・13〜16、**ヨハネ4・46〜54**）

その人は、イエスの言われた言葉を信じて帰って行った。（50）

ヨハネ福音書は、奇跡という言葉の代わりに、「しるし」という言葉を用いています。これは奇跡が本体ではないことを表しています。主はしばしば奇跡を行われましたが、それを見て信じる人を決して信頼されませんでした。それは、御言葉に聞き従う信仰へと導かないからです。主イエスが求められるのは、神に従うことでした。

ですから、「お帰りなさい。あなたの息子は助かるのだ」という言葉は、息子のいやしを求める王の役人にとってはチャレンジです。彼はそれを受け止め、主の言われた言葉を信じて帰って行きました。彼は見て信じたのではなく、聞いて信じ、信じて従い、イエスがキリストであることを信じたのです。

信仰への第一歩は、聞いて従うことです。その小さな信仰の始まりを、主は受け入れてくださいます。そこから私たちは、より大きい信仰へと向かわせていただくのです。そして一層聞き従うことへと進ませられ、こうして私たちの信仰の歩みは、つきることなく続けられていくのです。

［聖想　96］　聞く耳、見る目を　（創世記24・15〜32、マタイ13・1〜23）

しかし、あなたがたの目は見ているから幸いだ。
あなたがたの耳は聞いているから幸いだ。（16）

湖のほとり、岸辺の群衆を前に、舟の上から語られるイエス。まわりには畑が広がり、種を蒔《ま》く人の姿がそこここに、よく見かける風景です。そして主は「種を蒔く人のたとえ」を語られます。普通、たとえは理解を助けるために用いられますが、主は「見ても見ず、聞いても聞こえず、理解できないため」と言われます。なぜなら神の言葉を見、聞くためには、特別な目、特別な耳を必要とするからです。そして主は弟子たちに、その目と耳とを与えられている幸いを告げられます。

しかし、見ても見ず、聞いても聞こえないのは私たちのことではないでしょうか。神の言葉は、詩編19編が示すように、全地に満ちています。

天は神の栄光を物語り
大空は御手の業を示す。……
その響きは全地に
その言葉は世界の果てに向かう。（2～5）

主は種蒔く人の姿から、蒔かれて落ちる種から、それをくみ取っておられます。ですから、何も見えません、何も聞こえません、と言うのではなく、すべてのことに目を凝《こ》らし、耳を傾けましょう。「聞く耳、見る目、主がこの両方を造られた。」（箴言20・12）聞く耳、見る目を与えてください、と祈りましょう。

［聖想　97］　両方とも育つままに　（創世記24・33～49、マタイ13・24～43）

刈り入れまで、両方とも育つままにしておきなさい。（30）

キリスト者の経営者と話していた時、彼が「キリスト者は扱いにくい」というので、私が「でもキリスト者は真面目《まじめ》でしょう」と応じると、「真面目だから困る」と言われました。真面目なので間違いやいつわりをそのままにしておくことができず、それを指摘して正そうとせずにはおられないのです。そして協調性にかけがちなのです。

間違いやいつわりを正すことは大切なことですが、主のたとえは別の光を与えます。僕《しもべ》たちは「すぐ抜き集めましょう」と言うのですが、主人は「いや、毒麦を集めるとき、麦まで一緒に抜くかもしれない。刈り入れまで、両方とも育つままにしておきなさい」と言います。

いうまでもなく、このたとえは神の民の群れに当てられています。主は、十二人の弟子たちの中に、毒麦が入っていることをご存じでしたが、刈り入れまで待たれたのです。パウロも言っています。

「わたしにとっては、あなたがたから裁かれようと、
人間の法廷で裁かれようと、少しも問題ではありません。
わたしは、自分で自分を裁《さば》くことすらしません。……
主が来られるまでは、先走って何も裁いてはいけません。」

（コリント一4・3～5）

［聖想　98］　**隠された宝**　（創世記24・50〜67、マタイ22・44〜58）

畑に宝が隠されている。（44）

こんな話を聞いたことがあります。なまけ者の息子がいました。父親は死ぬ前に遺言《ゆいごん》して、「お前のために、畑に宝を埋《う》めておいた」と。葬儀が終わってから、息子は毎日畑をくまなく掘りかえして宝を探しましたが、見つかりません。がっかりしていると、今まで怠《なま》けて荒れ果てていた畑が、よく耕《たがや》されたよい畑となり、作物が豊かに育ち始めました。息子は父親の遺言の意味が分かり、見違えるように働き者になった、と言うのです。

しかし、主のたとえはそれとは違います。天の国は畑に隠されたすばらしい高価な宝、持ち物全部を売り払っても買う価値のあるものだと言うのです。ところが私たちは、そんなに尊《とうと》いものに気づかず、安易に手に入るものばかりを求めているのではないでしょうか。

ボンヘッファーは言っています。

「高価な恵みは、畑に隠された宝であり、そのためには、人は行って、持っているものをみな喜んで売ってしまうのである。……それは従って行くように招くからである。」

［聖想　99］　**主の転機**　（創世記25・1～18、マタイ14・1～12）

あれは洗礼者ヨハネだ。死者の中から生き返ったのだ。（2）

小学生の頃、父の美術全集の中に、ギュスターヴ・モローの「ヘロデ王の前で踊るサロメ」の絵を見い出した時、衝撃を受けました。宮廷で踊るサロメの前に、突如《とつじょ》浮かびあがったヨハネの首、恐れて身をよじるサロメ。

ところで、聖書は間奏曲のようにヨハネの死を告げるのですが、多くの注解は、ヨハネの死の報告を聞いて、主イエスは「舟に乗ってそこを去」（13）られた、としているのですが、私は、領主《りょうしゅ》ヘロデのこの言葉を聞いて、と思えるのです。

主がヘロデを恐れたとは思えません。ヘロデは後に主イエスを殺そうと考えたようですが、そのことを伝え聞いても、主は「行って、あの狐《きつね》に、『今日も明日も、悪霊を追い出し、病気をいやし、三日目にすべてを終える』とわたしが言ったと伝えなさい。……預言者がエルサレム以外の所で死ぬことは、ありえないからだ」と、エルサレム以外の所で死ぬことはありえない、と言われるのです（ルカ13・32～33参照）。

主は洗礼者ヨハネの生まれ変わりではありません。主こそキリストでした。ヨハネの死は、キリストとしての歩みを明確にする転機でした。この後、主の宣教の行動範囲は急速に広がります。

［聖想　100］ 泉のような信仰 （創世記25・19～34、マタイ14・13～21）

あなたがたが彼らに食べる物を与えなさい。(16)

主イエスが人里離れた所へ退《しりぞ》かれるのは、祈りのためでした。動から静へ、静から動へ移られる時、必ず祈られる主イエスの姿があります。それを追う大勢の群衆。主はそれを見て深く憐《あわ》れまれました。

マルコは、「飼い主のいない羊のような有様《ありさま》を深く憐れみ」(6・34)と言っていますが、本当の指導者のいない群衆は、心の飢えを感じていたのです。

草の上に座った群衆に、天を仰いで賛美の祈りを唱《とな》え、パンを裂《さ》いて弟子たちに渡し、お配りになる主イエス。私はそこに聖餐の原形を見ます。五つのパンと二匹の魚を特別に意味づけする人もあり、十二のかごにイスラエル十二部族の象徴を見ようとする人もあります。しかし私は、「あなたがたが彼らに食べ物を与えなさい」との主の言葉に注目します。

弟子たちは心に思ったことでしょう。「少ししか持っていないのに」と。私たちもつぶやきます。「私の信仰は小さいのに」と。しかし信仰は泉のようなものです。他に与えることによって、自分も一層《いっそう》豊かにされるのです。

［聖想　101］　信仰も冒険　（エステル記1・1～22、マタイ14・22～36）

しかし、強い風に気がついて怖くなり、沈みかけたので、「主よ、助けてください」と叫んだ。（30）

ペトロはとんでもないことをしたものです。いくら主イエスのお言葉とはいえ、水の上を歩こうとしたのですから。私たちならそんな無謀《むぼう》なことはしないに違いありません。

しかし、人生とは冒険なのです。未知の世界に一歩を踏み出すことです。私は、幼い子どもが少し高い所に登り、一生懸命飛び降りようとする姿に、そしてよろけながらも成功した時の嬉《うれ》しそうな顔に、感動を覚えるのです。もし、私たちが確かさの中に留まろうとばかりするなら、そこには成長はありません。

信仰もまた冒険なのです。自分の築いた確かさの中から、ただ主イエスの御言葉に信頼して、水の上に足を降ろすようなものです。本当は「安心しなさい」と言ってくださる主イエスだけを見つめていけばいいのですが、ついまわりを見、足もとを見ると恐れが起こり、不安が生じ、沈みそうになります。その時「主よ、助けてください」と叫ぶ私たちを、主はすぐ手を伸ばして捕《つか》まえてくださいます。さあ、一歩を踏み出しましょう。

〔聖想　102〕　**生かすための安息日**

（詩編92・1～7、申命記6・1～3、テモテ一4・6～10、**ヨハネ7・14～24**）

わたしの教えは、自分の教えではなく、
わたしをお遣わしになった方の教えである。（16）

ヨハネによる福音書7章14～24節は、内容からは5章47節から続きます。38年間病気で苦しみ、治る見込みもない人を、安息日に癒された出来事です。

当時、ラビの学校で正規の課程を修了し、正式に認められた者だけが教えることを許されていましたから、主イエスは無資格者だったのです。従って人々が驚いたというのは、敵意とむき出しの不信感以外の何ものでもありません。

5章に登場する病人は、死に瀕《ひん》していたわけではないので、もう一日待ってもよかったのです。主があえて安息日にいやされたのは、律法の本義に立ち返ってのチャレンジでした。

神が創造された世界には、調和と秩序があり、それを保つための命令があります。命令は束縛《そくばく》するためではなく、私たちを生かすためです。律法の基本も例外ではありません。

主は、人を生かすための安息日には、人を生かす業《わざ》こそふさわしいとされました。主は生かすための神の言葉、神の命令を私たちが心から受け取ることを望んでおられるのです。

［聖想　103］　言い伝え　（エステル記2・1〜14、**マタイ15・1〜20**）

あなたたちは、自分の言い伝えのために神の言葉を無にしている。（6）

開発途上国における問題のひとつは、人々の健康、つまり栄養失調と伝染病蔓延への対策です。前者は食糧ですが、後者は水道とトイレの普及、そして手洗いの励行です。

しかし、ユダヤ人にとって食前の手洗いは、汚《けが》れを受けないためという言い伝えであり、それだけまた、神に対する敬虔のしるしとされました。主イエスは、彼らの矛盾を鋭く指摘されます。「神の言葉を言い伝えによって無にしている」と。ユダヤ人にとっては、言い伝えと言われているのは、単なる伝承ではなく、律法と同等の重みを持つものでした。つまり神の言葉より言い伝えのほうが重要視されていたのです。

私たちの中にも、守られねばならぬとされる言い伝えがあります。私たちの教会にもいつしか言い伝えによる決まりが生じます。しかし、それが神の言葉より重要視されてはいないでしょうか。それが神の言葉を無にしてはいないでしょうか。言い伝えによる決まりよりも、神の言葉に従うことが重んじられねばなりません。

［聖想　104］

切迫した響き

（エステル記２・15～３・11、**マタイ15・21～39**）

しかし、小犬も主人の食卓から落ちるパン屑《くず》はいただくのです。（27）

主イエスは笑われたでしょうか。確かに「主は笑われた」とは聖書にありませんが、主の言葉にはユーモアがあったと、よくこの箇所があげられます。つまりカナンの女への主の言葉はユーモアであり、彼女もユーモアで答えたというのです。

日本の教会にはユーモアが少ない、とよく言われます。私自身、説教にユーモアが少ないと考えさせられています。しかしユーモアと冗談、おふざけ、あるいは皮肉とが、混同されていると感じることもあります。

私は「子供たちのパンを取って小犬《こいぬ》にやってはいけない」という言葉に、ユーモアを感じないのです。ましてや、カナンの女の答え、「小犬も主人の食卓から落ちるパン屑はいただくのです」には、当意即妙《とういそくみょう》ではありますが、ユーモアに必要な心のゆとりより、切迫した響きを感じるのです。

叫びながらついてくる女、沈黙されるイエス。彼女にはこの方以外に救ってくださる方はないという確信、この方は必ず助けてくださるという信頼がありました。それが信仰ではないでしょうか。

［聖想　105］　パン種　（エステル記3・12～4・17、**マタイ16・1～12**）

ファリサイ派とサドカイ派の人々のパン種によく注意しなさい。（6）

パンを焼く人は、雑菌《ざっきん》が入らないように細心の注意を払います。雑菌はパンの味を損《そこ》なってしまうからです。しかし、粉をこねてパンを焼くことは女性の仕事でしたから、弟子たちにはピンとこなかったのも無理はありません。

ファリサイ派のパン種、サドカイ派のパン種とは何のことでしょうか。ファリサイ派は律法に厳格でした。彼らにとって信仰とは、「あなたはこうしなければならない」、「こうしてはならない」というのを守ることでした。サドカイ派は祭司・貴族で、金持ちであり支配階級でした。彼らの関心は功名心《こうみょうしん》や支配欲でした。

このようなパン種が群れの中に入ってくると、群れを分裂させ、破壊せずにはおりません。のちに弟子たちでさえ、最後の食事の席上で、誰が一番偉いだろうか、と議論を始めたほどです。

パン種は教会の中にも入ってきます。「ねばならぬ」という思いが強くなると、裁き合いが起こり、妬《ねた》みと争い（パウロの言葉では党派心）が生じます。悪いパン種には細心の注意が必要です。

［聖想　106］　**主の問いかけ**　（エステル記5・1～14、**マタイ16・13～28**）

それでは、あなたがたはわたしを何者《なにもの》だと言うのか。(15)

バルトは「君のキリスト論がどのようなものか言い給《たま》え。そうすれば私は、君が誰であるかを言おう」と言います。つまりキリスト論がすべての神認識の試金石だと言うのです。彼は晩年にパリの雑誌社から、「〈イエス・キリストはわたしにとってなにか〉という問いに、『一種の証言のような形』で答えてほしい」との依頼を受け、誠実に答えています。
バルトだからというわけではなく、私は誰もこの問いを避けることはできないと思います。その時私たちは、他の人がどう言っているかを問われているのではなく、私がどういうかを問われているのだと銘記《めいき》しなければなりません。

弟子たちを代表して、ペトロが「あなたはメシア、生ける神の子です（キリスト）」（16）と答え、その答えは主イエスの心にかないました。
しかし、彼は十字架に行こうとされる主イエスを押し止めたので、「サタン」（23）と激しくしかられました。彼は十字架を避けようとしたのです。そうです。私たちも問われるなら、「十字架のキリスト」と告白しましょう。

［聖想　107］　**聞いて従う**　（エステル記6・1〜14、**マタイ17・1〜13**）

主よ、わたしたちがここにいるのは、すばらしいことです。（4）

ラファエロの「山上の変貌《へんぼう》」の絵は、画面を二つに分けています。上の方には山上の光に包まれた明るい世界、一方山の下では、闇に閉ざされた中で人々が苦悩にうごめいています。しかし本当は、山の上でも光のかたわらに闇はあったのです。今日の言葉がそれを示しています。

ペトロはこのすぐ前の場面で、十字架に向かおうとされる主イエスを引き止め、激しい叱責《しっせき》を受けました。ここでも再びペトロは、主イエスを引き止めようとするサタンとして姿を現します。

ペトロは感動していました。彼はその感動に留まろうとします。それがこの言葉です。そして私たちも感動を求め、感動を引き止めておこうとします。それは闇の業《わざ》でした。しかし、神の言葉は私たちを感動させるよりも、決断へと導くのです。

弟子たちが聞いた言葉は、「これに聞け」（5）でした。決断は聞いて従うことです。もし私たちが感動を求め、そこに留まろうとするなら、サタンはそこにいます。

〔聖想　108〕

からし種一粒の信仰

（エステル記7・1〜8・2、**マタイ17・14〜27**）

この山に向かって、「ここから、あそこに移れ」と命じても、そのとおりになる。（20）

信仰に大きい小さい、玄人《くろうと》素人《しろうと》の区別があるでしょうか。確かにないとは言えません。主もカナンの女に、「あなたの信仰は立派だ」と言われたのですから。

変貌《へんぼう》の山から下りてきた時、主イエスはてんかんの息子を弟子たちが癒《いや》すことができないで騒いでいるのをご覧になり、信仰のなさを嘆《なげ》かれました。主は信仰の大小を問題にされたのではありません。癒しは神のなさることだからです。私たちは信じるだけです。

確かに私たちは信仰と不信仰との間を揺れ動いていますが、自分の信仰を自分で大きくも強くもすることができません。

それができるのは、神とキリストだけです。

ルカによる福音書17章5～6節では、「信仰を増してください」という弟子たちに答えて、

主は「もしあなたがたにからし種一粒ほどの信仰があれば、……」、この言葉を言っておられます。

私たちは自分の信仰を過大にも、過小にも考えてはならないのです。信じる者は信じるのです。からし種一粒の信仰で悪魔は敗北するのです。

［聖想　109］

沈黙

（詩編75・1～6、列王記下4・32～37、使徒3・1～10、**マルコ3・1～6**）

彼らは黙っていた。（4）

安息日の会堂に片手の萎《な》えた人がいました。「ルカによる福音書」では「右手」、そして失われてしまった「ヘブライ人の福音書」では、彼は石工《いしく》であったとしています。片手の喪失《そうしつ》は彼にとって致命的であったでしょう。しかし、人々はこの安息日を、会堂での礼拝を、片手の萎えた人を、主イエスを告発する手立てとしてしか見ていなかったのです。

主は問われます。「安息日に律法で許されているのは……」、ある人は「人は安息日に良いことをしてよいのか、悪いことをしてよいのか、命を救ってよいのか、殺してもよいのか」と訳しています。あれかこれかです。善を行わないことは悪を行うことであり、命を救わないことは見殺しにすることです。「私は何もしていません」という逃げ口上は通用しません。

人々は黙っていました。答えは明白です。答えれば主イエスの正しさと自分たちの間違いを表明することになるからです。この沈黙こそが神への最大の反逆です。ところで良いことはしなければならないではなく、してよいです。主が良いと言われることをするように導かれましょう。

［聖想　110］

あなたはどこにいるのか

（エステル記8・3〜17　マタイ18・1〜14）

九十九匹を山に残しておいて、迷い出た一匹を捜しに行かないだろうか。（12）

あまりにも有名な箇所であり、分かりやすいので、もう解説の必要はないでしょう。これは過去の出来事ではなく、一九四七年、死海に臨《のぞ》む断崖《だんがい》の途中にある洞窟から死海写本を発見したのは、まさにこうした羊飼いでした。

私には聖書の読み方に、一人称の読み方、二人称の読み方、三人称の読み方があるように思います。三人称の読み方は客観的です。そうすると、山に残された99匹はどうなるのだろう、などと疑問が出てきます。二人称の読み方では、「これはあなたのことよ」となります。一人称の読み方は、私に語られたものとして読むことです。

創世記3章以来、神は「あなたはどこにいるのか」（9：口語訳）と捜し求められる方であられました。そして主イエスは捜し求めるために来られたのです。

私たちはと言えば、失われたものであり、自分がどこにいるのか知らず、迷い出たことにさえ気づかずにいます。
神は、そして主は、今も捜し求めておられるのです。
「あなたはどこにいるのか」と。

［聖想　111］　神の赦しの深さ　（エステル記9・1〜19、マタイ18・15〜35）

心から兄弟を赦さないなら、わたしの天の父も
あなたがたに同じようになさるであろう。（35）

世の中がとげとげしくなってきました。今は告発の時代、裁きの時代だからです。告発された人は防御します。最も有効な防御は、告発した相手を告発することです。こうしてきりのない告発合戦が続きます。

人というものは何とかたくななものでしょうか。自分が赦《ゆる》されているものなのに、その赦しは途方もなく大きいのに、自分でも赦されたものだと言っているのに、相手の小さな過《あやま》ちを赦さないのです。赦しが単なる教義の承認であって、本当に心に迫《せま》っていないからです。

主は、人を赦すことが神の赦しを受ける条件だと言っておられるのではありま

せん。キリストにおける赦しを受けることなしに、人を赦すことはできないからです。ただ人を赦すことなしには、神の赦しの深さを本当に知ることはできないことも事実です。

私たちは「主の祈り」を、「わたしたちの罪を赦してください、わたしたちも自分に負い目のある人を皆赦しますから」（ルカ11・4）と祈るのです。

［聖想　112］　**主の約束**　（エステル記9・20〜10・3、**マタイ19・1〜15**）

だから、二人はもはや別々ではなく、一体である。従って、神が結び合わせてくださったものを、人は離してはならない。（6）

これくらいキリスト教の結婚の意義を、明確に示しているところはないと言ってよいでしょう。ウェディングドレスも指輪も誓約も、それぞれ意味を持っていますが、この言葉を欠くなら、キリスト教の結婚は成り立ちません。逆に言えば、この言葉さえあれば、何もなくても充分なのです。

私が司式した結婚式で最も印象的なものは、夜九時からの結婚式でした。いろいろ事情があり、参列したのは新郎新婦のほかに、新郎の母親と姉、証人としてそれぞれの友人、私を合わせて七人。オルガンも、ウェディングドレスもなく、指輪もありませんでした。しかし、この言葉はあり、そしてその確かなことは立証されています。

この言葉は二つのことを示しています。ひとつは「一体となれ」というご命令です。神は一体となることを命じておられます。それは自我の強い私たちには困難なことです。そこでもうひとつ、「一体にならせてあげよう」という約束が伴います。私たちはこの約束を信じてご命令に従うのです。それが私たちに本当の祝福をもたらします。

[聖想　113]　善いことは何か　（イザヤ書40・1〜11　マタイ19・16〜30）

「先生、永遠の命を得るには、どんな善いことをすればよいのでしょうか。（16）

不死を求めたのは、何も中世の錬金《れんきん》術師たちに始まったことではありません。古代から人は不死を求めました。そして錬金術師たちの努力が科学の発達を生み出し、今も生命科学と名づけられる錬金術は、不死を求めて努力を重ねています。

しかし、永遠の命は不死ではありません。永遠も命も本来神にのみ属するものであり、永遠の命は、神との交わりのうちにこそあります。ですから天の国、神の国とも言われるのです。そこで何が善いことなのか、と求められることになります。

金持ちの青年は、「善いことは何か」と尋ねました。コヘレトの言葉も善いことは何かを求めて、むなしい思索を続けています（7・15～20、8・14ほか）。

主は答えます「なぜ、善いことについてわたしに尋ねるのか。善い方はおひとりである。」（17）そうです。神のみが善い方であり、善いこととは神の言葉に従うことです。そして神の言葉に従うとは、主イエスに従うこと以外にありません。金持ちの青年に主に従うことを妨《さまた》げているのは財産でしたが、私たちに主に従うことを妨げているのは何でしょう。

［聖想　114］　後の者は先になり　（イザヤ書40・12～31、マタイ20・1～19）

後にいる者が先になり、先にいる者が後になる。（16）

賃金は働きに応じて。この世の鉄則です。

最初に雇《やと》われた労働者の言い分は、正当ではないでしょうか。しかしこのことが、天の国では逆転されるのです。なぜなら、ここでは賃金は、恵みと呼ばれるにふさわしいものだからです。そして神は最後に招かれた者にも、同じように恵みをくださいます。

共同体の中に次第に人が加えられてきました。先に招かれた者が大きな顔をし、後から加わった者に尊大《そんだい》にふるまうことはないでしょうか。いったい信仰歴の長短によって、恵みに差があるものでしょうか。あろうはずがありません。

それだけではなく、早く招かれたこと自体が恵みなのです。にもかかわらず、往々にして信仰歴の長い者は、与えられている恵みを、自分の働きに対する報酬のように思いがちなものです。従って後から招かれた者ほど、恵みを恵みとして受け取ることになります。

こうして「後の者は先になり、先の者は後になる」のです。罪の深さと恵みの大きさのゆえに、いよいよ謙遜にされましょう。

［聖想　115］

どう祈るか　（イザヤ書41・1〜16　マタイ20・20〜34）

あなたがたは、自分が何を願っているか、分かっていない。(22)

マルコ福音書では、ヤコブとヨハネが願い出たことになっていますが、マタイ福音書では、その母親が息子たちと一緒に来たとなっています。彼らの母親は教育ママだったようです。主イエスはこれに対して、「あなたがたは、自分が何を願っているか、分かっていない」と言われます。

祈りは祈願だけではありませんが、祈願も含みます。そして主イエスもまた、「求めなさい」と言われるのですが、私たちは何を願うべきか知らず、したがって願うべきでないことを願い、本当に願うべきことを願わないのです。

「聖書を教えてください」「賛美歌を教えてください」と言う人はありますが、「祈りを教えてください」と言う人は少ない。祈りは祈ることによって学ばれますが、同時に私たちにどう祈るべきかを教えてくれるのは、聖霊です。

三浦綾子さんの言葉、「祈る時、私たちはまず神がどんな方であるかを思い浮かべ、その方が私たちにどんな祈りを求めておられるかを、静かに問うてみることから始めるといいと思う」。

［聖想　116］　**主の御言葉から**

（詩編77・1〜6、アモス書8・9〜14、ヘブライ2・5〜10、**ヨハネ6・60〜71**）

わたしがあなたがたに話した言葉は霊であり、命である。（63）

四旬節《レント》を迎えました。主は一歩一歩、十字架に近づいて行かれます。その受難物語のはじめに、多くの弟子たちが主から去って行ったことが伝えられます。主はどんな思いでこれを受け止められたのでしょうか。

躓《つまず》きの原因は、「わたしの肉を食べ、わたしの血を飲む」という言葉にありました。人の肉を食べ、血を飲むなどということは、ユダヤ人でなくても受け入れ難いことです。

私たちはこの言葉に聖餐式のことを思い浮かべるのですが、ヨハネによる福音書は聖餐については何も記していません。63節の言葉からすると、「人の子の肉を食べ、その血を飲む」とは、主の言葉を信じ、自分の魂に受け入れることに他なりません。ヨハネはそれを、抽象的な事柄としてではなく、現実性と切実さをもって表しているのです。

残った十二人のうちの一人は悪魔である、と主はご存じでした。悪魔は私たちをキリストから引き離そうとします。

「神さま、どうか私たちを、主の御言葉から引き離さないでください」。

［聖想　117］　**「ホサナ」**　（イザヤ書41・17～29　**マタイ21・1～11**）

そして群衆は、イエスの前を行く者も後に従う者も叫んだ。
「ダビデの子にホサナ。……」（9）

本当に雌《め》ろばと子ろばとがいたのでしょうか。主イエスはどういうふうに、二頭のろばに乗られたのでしょうか。順番に乗り換えたのだ、などと言いますが、そんなことはないでしょう。ある人は、出典のゼカリヤ書9章9節は、ヘブライ人がよく用いる、同じことの二重の表現に過ぎません。でもこだわりますまい。子ろばがいなければ、榎本先生の「ちいろば」は成立しないのですから。

この迎え方は、勝利の王の凱旋《がいせん》のようです。紀元前一六五年、シリアのアンティオコス・エピファネスの圧政下にあったユダヤに、一時的な独立をもたらしたのはユダ・マカバイでした。エルサレムに入城するユダを迎えて、人々はシュロの葉をうち振り、歓呼《かんこ》の声を上げました。

人々は主イエスの中に、それと同じ期待を抱《いだ》いたに違いありません。主が馬でなくてろばに乗り、しかも武器も持たず、軍隊も引き連れていないのに気づきもせずに。

しかし主は御存知でした。数日後、「ホサナ」の歓呼は、「十字架につけよ」の叫びに変わることを。

［聖想　118］　祈りの家　（イザヤ書42・1～13、マタイ21・12～22）

「わたしの家は、祈りの家と呼ばれるべきである。」
　ところが、あなたたちは
　　それを強盗の巣にしている。（13）

引用句はイザヤ書56章7節から、「強盗の巣」はエレミヤ書7章11節に出てきます。ヨハネ福音書は「商売の家」としています。この方が分かりやすいでしょう。現に、遠方からの礼拝者のためとは言え、商売がなされていたのですから。しかし商売が問題だったのではなく、取り引き信仰が問題なのです。テモテへの手紙一は「信心を利得の道と考える者」（6・5）がいたことを示唆しています。

それにしても「強盗の巣」とは。エレミヤは有名な神殿説教の中で、神殿に対する過《あやま》った信頼を批判し、外では散々神に背《そむ》くことをしながら、神殿礼拝に来ることを免罪符にしている人々が群らがっている様子を言ったのです。主イエスも、恵みをむさぼっている人々を見て、強盗の巣と言われたのでしょうか。

「恩寵《おんちょう》泥棒」という言葉があります。パウロも、

「神からいただいた恵みを無駄にしてはいけません」（コリントⅡ6・1）

と言っています。私たちの心の塵《ちり》を払い、もう一度、祈りの祭壇《さいだん》を築き直そうではありませんか。

［聖想　119］　**神の求め**　（イザヤ書42・14〜25、マタイ21・23〜32）

兄は「いやです」と答えたが、あとで考え直して出かけた。（29）

私はこのところを読んでびっくりしました。口語訳とは、兄と弟の立場が全く逆になっていますから。確かに原文は新共同訳のとおりです。おそらく、もうひとつの「二人の息子のたとえ」――いわゆる「放蕩息子のたとえ」（ルカ15・11〜32）――の影響なのでしょう。あるいは、後の者が先に、先の者が後に、との言葉に照らしてみれば、徴税人《ちょうぜいにん》や娼婦《しょうふ》たちこそ弟のほうだと思ったからでしょうか。

神は私たちに、「はい」という答えを求められます。早口言葉はとても言いにくい言葉です。それよりもむつかしいのは、「はい」、「いいえ」ではないでしょうか。私たちは「はい」と言うべき時に「いいえ」と言い、「いいえ」と言うべき時に「はい」と言うのです。いや、言葉では「はい」と答えながら、行動では「いやです」と言っているのではないでしょうか。

きみの父なる神の意志を受け入れてくれ、
子よ、「はい」と言ってくれ。
（M・クォスト『神に聴くすべを知っているなら』）

［聖想　120］

ふさわしい実　（イザヤ書43・1～15、マタイ21・33～46）

神の国はあなたたちから取り上げられ、
それにふさわしい実を結ぶ民族に与えられる。（43）

かつて、聖書の内容を一時間で話してほしいと頼まれ、旧約を一時間、新約を一時間で話しましたが、どんな話をしたのか今では覚えていません。その後ステファノの説教（使徒7章）を読んで、「これだ」と気づいたのですが、後の祭り。

主がここで話されたのは、旧約から新約にわたるイスラエル民族の長い歴史の、最も簡潔《かんけつ》な要約です。同時にこれは預言でもあります。主人が送った息子はどうなるのか。ぶどう園――エルサレム＝世界――はどうなるのか。その礎石《そせき》は何か。引用句は詩編118編22～23節からですが、イザヤも引用しているように、神の勝利宣言です。マタイはそれを主の復活の勝利と結びつけました。

私は「ふさわしい実を結ぶ民族に与えられる」という言葉に注目します。イスラエル民族は神の救いの歴史の担い手として選ばれたのですが、その任に堪《た》えなくなった時、神は新しい民を選ばれました。キリスト者の群れは、自分たちをそう受けとりました。キリストの新しい礎石の上に立てられた新しい民、それが群れの自覚でした。

（注1）日々の聖想61～120までは、「日毎の糧」『信徒の友』1993年12月号、1996年2月号に収載されていたものを、日本基督教団出版局の許諾を得て転載させていただきました。（2007年1月23日許諾）

［聖想　121］　命を献げるために　（ヨブ記19・25～27、マタイ20・20～28）

わたしを贖う方は生きておられ
ついには塵の上に立たれるであろう。（ヨブ記19・25）

人の子が、仕えられるためではなく仕えるために、また、多くの人の身代金として自分の命を献げるために来たのと同じように。（マタイ20・28）

ヨブは生活においても信仰においても、つまり神との関係において幸せでした。しかし、神の許可のもとではありますが、サタンの試みによって、息子・娘たちと全財産を失います。次いでひどい皮膚病にかかります。しかし彼は神を非難する言葉を一切口にしません。ところが三人の親友が見舞い、慰めようとして来た時から様子が変わります。自分の身を嘆くヨブに、友人たちは話しかけ、やがて激しい議論に発展します。当時の考え方では、このような不幸は罪に対する神の裁きですから、悔い改めて神に立ち帰れば赦される、つまり神は再び幸いをもたらしてくださるというのです。けれどもヨブは自分の正しさを疑うことはできません。ヨブは反論し、こうして議論は激しさを加えることになります。

友人たちはヨブを苦しめようとして来たのではありません。苦しみの意味を知らせ苦しみから解放しようと思ったのです。しかしそれは本当の慰めではありません。ヨブは議論を重ねるに従って、次第に神が自分の不幸の張本人、告発者、敵対者のように思えてきました。彼の苦しみは全財産と息子・娘たちの喪失でも、皮膚病でも妻の無理解でもありません。この神とかかわりを持っていることです。神に自分の正しさを訴えれば神と争うことになります、一層惨めになります。

18章の友人ビルダドの言葉は、ヨブを激しく非難し、神を信じない者の運命を過酷なまでに突きつけました。彼は打ちのめされ、希望を根こそぎにされ、本当の孤独にさらされます。19章21～22節はそれを示します。

憐れんでくれ、わたしを憐れんでくれ
神の手がわたしに触れたのだ。
あなたたちはわたしの友ではないか。
なぜ、あなたたちまで神と一緒になって
　わたしを追いつめるのか。
肉を打つだけでは足りないのか。

議論はまだ続きますが、25～27節はひとつのクライマックスです。

わたしは知っている
わたしを贖う方は生きておられ
ついには塵の上に立たれるであろう。
この皮膚が損なわれようとも
この身をもって
わたしは神を仰ぎ見るであろう。
このわたしが仰ぎ見る
ほかならぬこの目で見る。
腹の底から焦がれ、はらわたは絶え入る。

彼はどん底から信仰の高みへと目を向けます。自分の告発者において贖う方を見、敵対者において自分の保証人を見ます。彼は自分の苦しみも正しさも自分の罪も、一切を神に委ねます。神はこれを彼の義と認められたのです。

ヨブ記は人間の罪はその傲慢にあると見ています。順境の時には気づかなかった傲慢をうち砕くのは苦しみです。ヨブは嵐の中からの神の言葉を聞いて悔い改めに導かれます。偉大なラビ、ロバート・ゴルギアスは言います。「挫折と悲哀こそ、人間がその兄弟たちと共感し、交わるためのパスポートである。」古来、ヨブ記が多くの苦しむ人々を慰めてきたのは、ヨブが苦しむ人だったからです。主が多くの苦しむ人々に慰めを与えることができたのも同じです。

キリストは、肉において生きておられたとき、激しい叫び声をあげ、涙を流しながら、御自分を死から救う力のある方に、祈りと願いとをささげ、その畏れ敬う態度のゆえに聞き入れられました。キリストは御子であるにもかかわらず、多くの苦しみによって従順を学ばれました。

（ヘブライ5・7〜8）

しかし主こそヨブが焦がれるほど求めた贖う方、罪の奴隷となっていた私たちを、御自分の命を身代金として支払って解放し、もう一度神と結びつけてくださった方です。わたしたちは主に、主によって神に結びつけられ、お互いに結びつけられました。ところが弟子たちの間に争いが起こりました。二人の弟子が主の右と左の座を求めたのです。誰が一番になるか。これは弟子たちの群れの危機でした。すべての共同体の危機でもあります。私たちはこんなことはしませんが、人を品定めし批判し、自分が認められようとするでしょう。無意識になされることが交わりを危機にさらします。主が弟子たちを集めて言われたのが、25〜28節です。

承認の欲求は人間に基本的なものですから、取り去ることはできません。しかしそれが罪を引き起こすことを銘記しておきましょう。むしろ互いに仕え合うこと、人を高めることへ向けましょう。なぜなら「人の子が……自分の命を献げるために来たのと同じように」です。こうして主はあの人にも仕え、あの人のためにも死なれました。これが私たちに仕えることを可能にします。私は先ほどのゴルギアスの言葉を心に留めたい。挫折と悲哀によって私たちは謙遜にされ、他の人を受け入れることを学びます。その時主は私たちと共におられるでしょう。

［聖想　122］　御手にゆだねます　（ルカ23・46）

父よ、わたしの霊を御手にゆだねます。（46）

私はかねがね、ルカ福音書にある十字架上の主のお言葉、「父よ、わたしの霊を御手にゆだねます」に心を留めさせられています。この言葉は詩編31編6節から来ており、またユダヤ人が夜の眠りにつく時、この言葉を祈りとして用いたのです。敬虔なユダヤ人にとって、眠りは死の前段階であり、朝ごとの目覚めは新たな命を与えられることであったからです。主はその地上の生涯を終えられるに当たって、子供のように、「父よ、わたしの霊を御手にゆだねます」と祈られました。私もまた、この言葉で生涯を終えることができたらと願っております。そしてキリスト教における葬りの式の一切は、父なる神に一切をゆだねることであると覚えさせられています。

T君は趣味豊かな人でした。囲碁は六段の腕前、そして写真に旅行、さらに短歌はS短歌会に所属し、励んでおられました。私などはあれもこれも一寸噛りで、何一つものになったものはありませんでしたが、彼は持ち前の真面目さ几帳面さで取り組まれたのであろうと思います。毎年いただく年賀状には、必ずいくつかの短歌が記されていました。私は、なかなかよい歌だと思いながら、見失ってしまいました。残された日本基督教団への無任所教師現況報告のいくつかに、短歌が掲げてありました。いわば事務的な書類に、こんな現況報告を書いた人はおそらくないでしょう。そのうちの一首にこうありました。

枕辺に運ばせ来たるわが書物　聖書万葉ヘッセの数冊

ヘッセは言うまでもなくヘルマン・ヘッセ。叙情的な作品で知られ、青年たちの愛読書でした。私は今なおヘッセを読むT君に、青年のロマンチシズムが脈打っているのを感じました。しかしその反面、老人には避けがたいことですが、彼は自分の心の硬化に気づいていたのでしょうか。

老いてなほ柔軟心を失わず　澄める思ひの日送らまほしや

しかし私は、次の一首を読んで驚きました。

わが神に病める臓器を問へる夢　骨眼心肺胃肝臓と宣る

神さまに病気の臓器を問うた夢を見た。神さまは、骨、眼、心臓、肺、胃、肝臓、とおっしゃった。私は彼の既往症だと思ったのです。ところが、骨眼心肺青肝臓、の上に小さく振り仮名が打ってあります。拡大鏡で見ると、コイツメシンパイイカンゾウ、とありました。彼にはこんなユーモアがあったのです。

次の二首は私の心を打ちます。

悔い多きわが生涯をそのままに　受け入れたまへと切に祈れば

それはまた私の祈りでもあります。私は讃美歌五一一、「イエスきみよ　このままに　われをこのままに　救いたまえ」と歌いつつ、まさに主は私をこのままに受け入れたもうたと、主を賛美します。主は彼の生涯もそのままに、受け入れたもうたに違いないと確信しています。

わが歩み錯誤多くて悔いのみの　生涯なりしを恩寵と思へ

彼は自分自身に言い聞かせているのです。悔いのみの生涯、しかしそれは恵みだったのではないか。恩寵と思え、と。私の魂よ、「私の生涯は失敗だった、無駄だった」そう言わなくてもよい、嘆かなくともよい、それは恩寵だったのだ。どんなに目立つことなく、社会の片隅に忘れ去られたような生涯であったとしても、それは無に帰することはありません。私はコリントの信徒への手紙一に大きな慰めを得ています。

わたしの愛する兄弟たち、こういうわけですから、動かされないようにしっかり立ち、主の業に常に励みなさい。主に結ばれているならば自分

たちの労苦が決して無駄にならないことを、あなたがたは知っているはずです。（15・58）

うらうらと死なむ事こそ難からめ　終わりのラッパ鳴る日来たらば

うらうらとは、のんびりと、あるいはのどかにです。まだお元気な頃、6、7年前の作です。すぐ前にこの一首がありました。

人は皆老いて死にゆく者なれば　生くる束の間ひた生きめやも

しかし今、私たちは知っています。コリントの信徒への手紙一15章51～52節はこう告げています。

「わたしはあなたがたに神秘を告げます。わたしたちは皆、眠りにつくわけではありません。わたしたちは皆、今とは異なる状態に変えられます。最後のラッパが鳴るとともに、たちまち、一瞬のうちにです。ラッパが鳴ると、死者は復活して朽ちない者とされ、わたしたちは変えられます。」T君、地上での再会は叶いませんが、天上で、神さまのもとで、お会いしましょう。

前夜式の後で、義理の兄弟に当たる方が声をかけて来られ、「よくわかりました。彼はこうしたものを脱ぎ捨てて行くために戦っていたのですね」と。

私はヘルマン・ホイヴェルス（Hermann Heuvers）神父が日本からの帰国後、南ドイツの友人から贈られた詩「最上のわざ」を思い出しました。

この世の最上のわざは何？
楽しい心で年をとり、働きたいけれども休み、
しゃべりたいけれども黙り、失望しそうなときに希望し、
従順に、平静に、おのれの十字架をになう……。
若者が元気いっぱいで神の道をあゆむのを見ても、ねたまず、
人のために働くよりも、けんきょに人の世話になり、
弱って、もはや人のために役だたずとも、親切で柔和であること……。
老いの重荷は神の賜物。
古びた心に、これで最後のみがきをかける。
　　まことのふるさとへ行くために……。
おのれをこの世につなぐくさりを少しずつはずしていくのは、
　　真にえらい仕事……。
こうして何もできなくなれば、それをけんそんに承諾するのだ。
神は最後にいちばんよい仕事を残してくださる。それは祈りだ……。
手は何もできない。けれども最後まで合掌できる。
愛するすべての人のうえに、神の恵みを求めるために……。
すべてをなし終えたら、臨終の床に神の声をきくだろう。
「来よ、わが友よ、われなんじを見捨てじ」と……。

（ヘルマン・ホイヴェルス　林幹雄編『人生の秋に』春秋社）

文中に出てくる「無任所教師現況報告」というのは、教会の担任教師でない「無任所教師」に、教団事務局からの求めに応じて出すものです。教団関係学校の聖書科教師やキリスト教関係の事業の職員の場合は教務教師ですから、その必要はありませんが、彼は県立高校の教師でしたから、無任所教師だったのです。彼は几帳面な人でしたから、何でも整理して取っておくのですが、残された「現況報告」は一〇枚に足りないものであり、彼が東所沢教会の礼拝に来られるようになってからのものでした。私はそこに彼の心境を見る思いでした。彼は県立高校の教師をするようになってからは、なぜか教会に行かなかったようです。「無任所教師現況報告」を提出する気になれなかったのでしょう。そのうちの一枚に、「月二回、東所沢教会に出席」とありました。

［聖想　123］　**魂への配慮**　**（エゼキエル書34章、ローマ14・1〜15・8）**

お前たちは良い牧草地で養われていながら、牧草の残りを足で踏み荒らし、自分たちは澄んだ水を飲みながら、残りを足でかき回すことは、小さいことだろうか。わたしの群れは、お前たちが足で踏み荒らした草を食べ、足でかき回した水を飲んでいる。（34・18〜19）

私が開設の最初から、群れ――共同体の形成を中心に据えてきたことは、今までにも述べて来たところです。かつては信仰は個人主義的に捉えられていましたから、共同体などということはあまり考えられませんでした。最近はいろいろの方が言われるようになり、私は喜ばしく思う反面、一寸危惧も感じています。それはこの言葉が、一致団結と取られたり、管理的な組織を作ることにされてしまわないか、ということです。

私は共同体にとって重要なことは、牧会であり、そして説教だと考えています。説教のことは稿を改めて申し上げることにして(注2)、牧会ということを皆さんはどう考えておられるでしょうか。教会の中でもいろいろの理解があり、牧師のする教理的、教会生活的訓練という意味から、霊的指導、さらには個人に対するカウンセリング的な働きなどまであります。もちろんそうしたことすべてを含んだものが牧会ということでありましょう。その一方において牧会は個人に対するものとされ、また牧師のなすべきこととされてしまっていたのです。

英語では牧会のことをパストラル・ケアと言います。ここからこの特別なケアはパスター＝牧師がなすべきものという理解が生じたのでしょう。ところがドイツ語でこれに当たるのはゼール・ゾルゲ＝魂への配慮という言葉です。他者の魂への気づかい、これはキリスト者相互はもちろんのこと、およそ人と人との間でなされなければならないことです。ただしドイツ語の場合でも、これは個人に対するものでした。最近、魂は複数として、つまり魂たちへの配慮として捉えるべきだという考えが強くなってきました。私は牧会は群れに対してなされるべきであり、群れ全体でなすべきことと考えています。

エゼキエル書34章は、エレミヤ書23章1～4節が述べたところをより深め、より広げたものです。しかしここにはエレミヤにはなかった視点が見られます。それは34章17～22節です。ここでは牧者ではなく、群れが問題とされています。群れの中で、強いものが弱いものを押しのけている状況を問題にしています。パウロがローマの信徒への手紙14章1節～15章8節に述べているのは、エゼキエルと同じことを教会の中に見ていたからです。

以前、私は役員会に牧会をお願いし、牧会上の 問題を話し合う時を持つようにしました。「こころの友伝道」もそうした思いから来ています。

最近、こんな経験をしました。ある他教会の方が、家庭内の問題で私からカウンセリングを受けたいと訪ねてこられました。こんな時大事なことは、一つには相手の話を批判することなく徹底して聴くことです。もう一つは叱ったり、忠告したり、激励したりするのではなく、相手の心を引き上げるようにすることです。

私は話を聞き、慰めの言葉をかけ、ふと思いついて、「あなたの教会の方に相談してみたら」と言いました。その人は答えました、「前に相談したら、その方が『教会の誰それさんはあなたよりもっと重い苦しみを抱えているのに、信仰をもって一生懸命やっている。あなたももっとしっかりした信仰をもってやりなさい』って言われるんです。人の苦しみって、どっちが重いって言えるようなものなのでしょうか。」私は驚きました。この方は、自分の苦しみは「不信仰」と切り捨てられたと感じたことでしょう。同時に、私たちも同じような言い方をしてきたのではないかと、反省させられました。「もっとしっかりしなさい」などと言ってきたのではないでしょうか。「あの人の信仰は、まだだめだ」などと批判してきたのではないでしょうか。それがどんなにその人を傷つけたかも知らずに。

この時失われたのは、この方の、教会の方への信頼であると共に、福音が失われたと感じたのです。今日私たちは、福音を信じていると言いながら、実は福音を失っているのではないでしょうか。人を癒し、慰め、喜びをもたらし、それ故に希望を与え、力を満たす福音を失っているのではないでしょうか。

エフェソの信徒への手紙4章29節はこう言っています、「悪い言葉を一切口にしてはなりません。ただ、聞く人に恵みが与えられるように、その人を造り上げるのに役立つ言葉を、必要に応じて語りなさい。」

「悪い言葉」と訳されているのは、「腐った言葉」、あるいは「役に立たない言葉」です。「腐った」というところからは「相手にいやな思いをさせる」ということが浮かんできます。「役に立たない」ということは、「その人を造り上げるのに役立つ」に対応しています。「造り上げる」は口語訳では「徳を高める」でした。従って相手をおとしめるのではなく、引き上げることを意味します。私はそれが誰であれ、相手を否定するような言葉は、できるだけ避けよう、相手を建てる言葉を語るようにしようと言ってきたつもりですし、私自身も心がけてきたつもりです。

これが牧会、魂への配慮です。「できる人がやればよい。私は口下手だからできない」などと言わないで、お互いに心を用いたいのです。私たちは言葉を頂いているのですから。コロサイの信徒への手紙4章6節はこう記しています、「いつも、塩で味つけられた快い言葉を語りなさい。そうすれば、一人一人にどう答えるべきかが分かるでしょう。」私は塩とは、福音のこと、あるいはキリストのことだと理解しています。しかも魂への配慮は群れ全体のわざであり、あなたにも委ねられていることだからです。

私は皆さんにお願いしたいのです。どうか批判の言葉ではなく、徳を建てる言葉を発して頂きたい、相手を引き上げる言葉を発して頂きたい、と。

注2（178頁）山下萬里『礼拝に生きる祈り』「あとがきにかえて——14年を振り返って」に説教について書かれています。

［聖想　124］

交わり

（ヨハネの手紙一　1・1～4）

あなたがたもわたしたちとの交わりを持つようになるためです。
わたしたちの交わりは、御父と御子イエス・キリストとの交わりです。（3）

私は交わりには、三つの側面があると考えています。

第1は、共にいることです。もちろんただいるのではなく、神の御前において、キリストと共に、キリストにあって、です。主イエスが弟子たちを呼び集められた理由の第1は、「共にいるため」（「自分のそばに置くため」新共同訳）でした。

詩編133・1は、こう歌います。

見よ、兄弟が共に座っている。
なんという恵み、なんという喜び。

私は真面目なキリスト者が、往々にして交わりを軽視する傾向にあることを残念に思います。確かに人は、淋しいから、孤独を恐れるから、気晴らしの交わりを求めます。そこに本当の交わりがないことは事実です。しかし、私たちがキリストによって群れの中に召されていることも事実です。

ボンヘッファーは、「ひとりでいることのできない者は、交わりに入ることを用心しなさい」というと同時に、「交わりの中にいない者は、ひとりでいることに用心しなさい」と言っています。

第2は、共に与《あずか》ることです。キリストの福音に、キリストの恵みに、キリストの救いに、キリストの慰めに、そして喜びも悲しみも、楽しみも苦しみも、共に与ることです。

第3は、共にすることです。このことは、交わり＝コイノニアとは、互いに仕えあうことだということを示しています。ともすれば教会の中でさえ、よくできる人が重んじられ、できない人は軽んじられる傾向があります。しかし、群れの中では、「私ができるから、私のいうとおりにしなさい」ということも、「私がやった！」という達成感も無用のことです。

共に神に仕え、主に仕え、そして互いに仕え合い、キリストの御業を共になし、キリストの喜びに共に与ることです。


ヨハネの手紙の筆者はこう言います。「わたしたちがこれらのことを書くのは、わたしたちの喜びが満ちあふれるようになるためです」（4）。これがこの手紙が書かれた理由です。そしてそれは共同体の交わりが全うされるためです。共同体の交わりは、縦には、御子イエス・キリストとの交わりを通して、父なる神との交わりに生き、生かされる喜び、横には、共に生かされてある人々との間にある兄弟愛の事実、この二面によって成り立っています。

この交わりは、御父と御子イエス・キリストとの交わりに基づき、それによって成り立っている御父と私たち、私たち相互の交わりです。これが主にある共同体の本質であり、その霊的現実なのです。

山下萬里（やました・ばんり）
1924年兵庫県・神戸市生。1945年同志社大学文学部神学科卒業。1950年按手礼—日本基督教団正教師。1946年弓町本郷教会伝道師、1949年札幌北光教会副牧師。1952年小樽公園通り教会牧師。1960年松山教会牧師（四国教区総会議長歴任）。1970年国分寺教会牧師。1986年4月～2000年3月東所沢教会牧師（開拓伝道）。2000年4月より日本基督教団東所沢教会名誉牧師。2004年1月18日召天（79歳）。

主な著書　『礼拝に生きる祈り』2005、『豊かな礼拝を願って　主の栄光へ向かう群れ』2004
『ヨハネによる福音書に聴くI/II/III』2002～2003
『われ信ず——現代に生きる使徒信条』2001
『出会いの贈り物　山下萬里説教集上』2000
『光の中の創造　山下萬里説教集下』2000
説教集I『平安をつたえる群れ—神の息に生かされて』1988
説教集II『出発—主、備えたもう』1988
説教集III『恐れるな—選びにこたえて』1990
説教集IV『土の器—み言葉にゆだねて』1991（共にヨベル刊）
『死の陰の谷を歩むとも』（共著）1983、『新しい教会暦と聖書日課』（共著）1999
（共に日本キリスト教団出版局刊）

御言葉に聴く　日毎の聖想 124

2007年3月13日　初版発行

著　者—山下萬里
発行者—安田正人
発行所—株式会社ヨベル　YOBEL Inc.
〒113-0033　東京都文京区本郷4-2-3
Tel 03-3818-4851　e-mail：info@yobel.co.jp
DTP・印刷—株式会社ヨベル

定価は表紙に表示してあります。
本書の無断複写（コピー）は著作権法上での例外を除き、禁じられています。
落丁本・乱丁本は小社宛にお送りください。送料小社負担にてお取り替えいたします。

配給元—日キ販　東京都新宿区新小川町9-1　振替00130-3-60976　Tel03-3260-5670
© Banri Yamashita 2007, Printed in Japan　ISBN978-4-946565-29-8 C0016